- 교과서와 능력검정시험에 의한 -
초등학생이 꼭 알아야 할

― 교과서와 능력검정시험에 의한 ―

초등학생이 꼭 알아야 할
신 한국사 이야기 ①

민족문화연구회 편

도서출판 신인류

석수 국보 제62호

이 책을 읽기 전에

우리 민족이 살아온 발자취

역사는 사실을 바탕으로 한다. 과거의 사실을 부끄럽다하여 은폐할 수 있는 것이 아니며, 자랑스럽다하여 과장할 수 있는 것도 아니다.

그러므로 우리의 역사는 우리 민족의 살아온 발자취로서, 우리 삶의 뿌리인 것이다. 하여 그 속에는 기쁨과 슬픔, 평화와 시련이 얽혀 있으며 밝을 때가 있었는가 하면 어두울 때도 있었다.

이제금, 우리 한반도를 둘러싼 주변 국가들은 역사를 왜곡하고, 심지어 역사 전쟁을 도발하고 있는 실정이어서 올바른 한국사의 위상을 바르게 확립하는 것이 무엇보다 시급한 실정이다.

우리 역사는 그동안 수많은 외세의 침략을 받았으면서도, 민족의 주체성을 잃지 않고 반만년의 역사를 꾸준히 지켜온 자랑스러운 민족이다. 그리고 조상들의 그 정신적인 강인한 힘은 오늘날 우리에게 소중한 유산으로 남겨져 많은 것을 일깨워주고 있다.

또한 우리 문화는 다른 어느 민족의 그것과도 구별되는 특수성을 지니고 있으면서도 보편적 가치를 추구해 온 문화이다.

이제 우리는 우리의 역사를 올바로 이해하고, 이를 토대로 오늘의 역사적 사명인 민족의 통일과 번영을 하루빨리 이룩하여 우리 후손으로 하여금 자랑스러운 삶을 누릴 수 있도록 해야 할 것이다.

이 책, 초등학생이 꼭 알아야 할 ('교과서와 능력검정시험에 의한) 한국사이야기'는

우리 역사 속의 문화와 형성에서부터 시작하여, 고조선과 삼국의 성립과 발전, 통일신라와 발해, 그리고 후삼국, 고려와 조선의 역사, 흥선 대원군과 새로운 문물, 광복과 대한민국의 시련, 그리고 평화통일을 위한 노력 등 우리 민족의 발자취를 시대와 사건별로 알기 쉽게 풀이하여 수록하였다.

이 처럼 다양한 내용으로 주요 사진 자료를 곁들이다보니 한국사이야기 ① ② 두 권으로 나누어 이해하는데 도움을 주었다.

모쪼록 역사에 대한 초보적인 어린이로부터 한국사능력검정시험을 준비하는 수험생에 이르기까지 모든 이의 학습을 높일 수 있으리라 기대합니다.

2016년 지은이 씀

초등학생이 꼭 알아야 할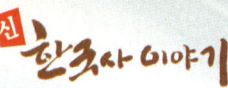

차례

이 책을 읽기 전에 / 우리 민족이 살아온 발자취

I 역사 속의 우리 문화
1. 역사란 무엇인가? 11
2. 한국사의 올바른 이해 13

II 우리 역사의 시작
1. 선사 문화의 형성 17
   구석기 시대
   우리 민족의 기원
   신석기 시대-불을 만들다. 빗살무늬 토기. 움집.
                    뗀석기와 주먹도끼. 돌작살. 간석기
   청동기 · 철기 시대-거푸집
2. 고조선의 성립과 발전 24
   고조선-단군의 건국 이야기, 단군왕검
   위만조선-한 군현(한4군)
   고조선의 사회-고조선의 8조법
3. 고조선을 뒤이은 여러 나라의 성장 29
   부여-부여 법의 특징, 제천행사, 영고
   고구려-제가회의, 서옥제, 동맹
   옥저와 동예-민며느리제, 무천
   삼한-천군과 소도, 솟대, 귀틀집

초등학생이 꼭 알아야 할 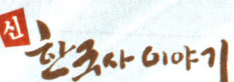 신 한국사 이야기

차례

III 삼국의 형성과 발전

1. **고구려** 37

   동명성왕-주몽의 탄생 신화 : 해모수, 하백, 유화부인 • 부여와의 대결 • 고구려의 발전 • 호동왕자와 낙랑공주 • 한4군 • 광개토대왕의 활약 • 강력한 왕권의 장수왕 • 을지문덕과 살수대첩 • 안시성 싸움-양만춘 • 바보온달과 평강공주 • 대막리지 연개소문 • 고구려의 최후

2. **백제** 66

   백제의 건국과 발전-한강 유역의 중요성, 담로(擔魯) • 백제의 탄생 • 고이왕과 근초고왕 • 백제의 흥망성쇠 • 계백의 5천 결사대

3. **신라** 82

   신라의 건국과 발전 • 박혁거세의 탄생 • 신라의 발전 • 한가위의 유래 • 나라의 기둥, 화랑 • 백결선생의 떡방아소리 • 최초의 여왕, 선덕여왕 • 운명이 뒤바뀐 두 자매 • 삼국통일

4. **가야 연맹** 101

   가야의 성립과 발전 • 가야국 시조, 김수로왕

IV 통일신라와 발해, 그리고 후삼국

1. **신라의 삼국 통일** 107

   백제의 멸망과 부흥운동 • 고구려의 멸망과 부흥운동 • 신라와 당의 전쟁

2. **통일신라의 발전** 110

   통일신라의 통치 제도 • 해상의 왕, 장보고 • 처용의 비밀 • 불국사와 석굴암, 그리고 김대성 • 그림자 없는 무영탑

• 신라 최대의 학자, 최치원 • 삼국시대의 불교 • 삼국시대의 유교 • 무덤의 변천

3. 발해 130

발해의 건국 • 발해의 성장과 발전 • 발해를 세운 대조영 • 발해의 영토 확장 • 발해의 멸망

4. 후삼국 137

태봉국의 궁예 • 후백제의 견훤 • 왕건의 유화부인

V 고려

1. 고려의 건국과 발전 151

왕건의 훈요십조 • 고려의 문물제도 • 거란의 1차침입 • 2차침입 • 3차침입 • 고려의 사회 • 최충의 구재학당 • 대각국사 의천 • 윤관과 여진정벌

2. 무신정권의 성립 170

이자겸의 난과 묘청의 난 • 무신정변의 발생 • 죽이고 쫓기는 무신의 반란 • 최씨의 무신정권 • 최씨 정권의 권력기구

3. 대몽항쟁과 삼별초 187

칭기즈칸, 몽골의 침입 • 삼별초의 항쟁

4. 공민왕의 개혁정치 193

원의 내정간섭 • 공민왕의 반원 개혁 정치 • 공민왕과 노국공주 • 문익점과 목화씨 • 위화도 회군, 고려의 멸망

5. 고려의 예술과 문화 208

유학과 역사서 편찬 • 불교 예술과 고려청자 • 금속활자와 인쇄문화

초등학생이 꼭 알아야 할 신 한국사 이야기 2

간추린 차례

1. 조선의 건국과 발전

2. 민족문화의 발달

3. 외세의 침략

4. 실학의 발생

5. 흥선대원군과 새로운 문물

6. 동학농민운동

7. 갑오개혁과 조선 정부

8. 일본의 침략과 독립운동

9. 대한제국의 수립과 독립협회

10. 3·1운동과 항일투쟁

11. 대한제국 임시정부의 수립

12. 광복과 대한민국의 시련

▲ 동학농민운동 기념비

부패한 관리와 외세에 맞서 농민 스스로 일으킨 혁명을 기념하기 위해 세웠다.

I

역사 속의 우리 문화

한국사	세계사
구석기 문화 약 70만 년전	
신석기 문화 8000년경	
	3000년경 이집트 문명 시작
	메소포타미아 문명 시작
고조선 건국 2333	
	2500년경 황허 문화 시작, 인더스 문명 시작
청동기 문화의 보급 2000	1800년경 함무라비 왕
	메소포타미아 통일
	1000년경 주(周)의 건국
	600년경 석가모니 탄생
	551년경 공자 탄생
철기 문화의 보급 400년경	
	334 알렉산드로스 대왕, 동방 원정
위만, 고조선의 왕이 됨 194	
	221 진(秦)의 중국 통일
고조선 멸망 108	202 한 건국

▲ 강화도 부근의 고인돌

우리나라 북방식 고인돌 중에서 규모가 가장 크다. 사적 제137호.

1 역사(歷史)란 무엇인가?

'역사(歷史)'라는 말의 의미에서 '역(歷)'은 '과거에 경험하여 계속되어 가는 것', 곧 행해지는 것, 일어나는 것의 차원이다. 그리고 '사(史)'는 '기록을 관장하는 사람', 또는 '기록한다'는 의미이다.

그러므로 역사란 과거 경험의 총체로서 인간이 일으킨 무수한 개별적인 사건들로 구성되는 한편, 기록된 사료 또는 역사서를 의미한다.

역사 학습은 과거 사실의 단순한 이해로 끝나는 것이 아니라, 현대를 살아가는 우리에게 도움이 되는 것이어야 한다. 역사를 통해서 얻을 수 있는 것은 다음과 같이 간추릴 수 있겠다.

첫째, 역사에서 많은 삶의 지혜와 교훈을 얻을 수 있다. 곧, 역사를 공부하면 과거 사람들의 많은 사례에서 교훈을 얻고, 합리적인 의사 결정을 하는 데 도움을 얻을 수 있다.

둘째, 역사적인 사실을 알면 인격을 기르고 풍부한 교양을 쌓을 수 있을 뿐만 아니라 현재를 이해하는데 큰 도움이 된다. 편협한 민족주의를 벗어나 문화유산이 지니는 가치를 올바르게 인식하고, 과거의 사실에 비추어 세상을 좀 더 정확하게 바라보는 안목을 길

❖ **선사 시대**

인류가 문자를 발명하여 사용한 이후로 역사 시대라고 하며, 그 이전을 역사 시대의 이전, 즉 선사 시대라고 한다.

러줄 뿐만 아니라 사물의 이면을 꿰뚫어 단정적으로 사고하지 않는 비판 능력을 발휘한다. 그러므로 역사 교육은 과거 사실에 대한 폭넓은 지식을 바탕으로 비판적 사고력과 합리적 판단력을 향상시킨다.

결론적으로 역사를 공부하는 목적은 과거의 사실을 바르게 인식하는 것은 물론 문제해결의 능력을 키워 현재의 삶에 효과적으로 대처하려는 데에 있다.

▲ 참성단

단군이 하늘에 제사 지내던 곳. 지금도 개천절에는 이 곳에서 제천행사를 갖는다.

2 한국사의 올바른 이해

한국사는 한국인의 역사이다. 한국사의 주인공은 한국인이다. 한국사의 이해는 한국인의 역사적 삶의 특수성을 인식하고 그 가치를 깨우치는 것이어야 한다. 이 특수성의 이해를 위해서는 세계사와의 연관, 세계사적 보편성에 대한 관심과 이해가 필요한 것이다.

한국인은 우선 영토적으로 만주와 한반도에 자리잡고 역사적 삶을 영위해 왔다. 그 후 활동 무대가 한반도로 좁아지기는 했으나 국토의 자연 환경을 효과적으로 활용하며 삶을 이어 왔고, 그런 가운데 변화와 발전을 추구하며 특성 있는 역사를 이룩하여 왔다.

우리 문화는 유구한 역사를 거치면서 지내오는 동안 조상들이 슬기와 노력을 기울여 발전시켜 왔다. 우리 문화는 다른 어느 민족의 그것과도 구별되는 특수성을 가지고 있으면서도 보편적 가치를 추구해 온 문화이다.

선사시대에는 아시아의 북방 문화와 연계되는 문화를 이룩하였고, 그 후 중국 문화와 깊은 연관을 맺으면서 독자적인 고대 문화를 발전시켰다. 즉, 우리 조상들은 중국을 통해 한자, 유학, 불교를 수용하였으나 민족의 슬기와 창의력을 바탕으로 제각기 독특한 삼국(고구려 · 백제 · 신라) 문화를 이루었던 것이다.

고려시대에는 불교를 정신적 이념으로 채택하였고, 조선시대에 우리 조상들은 중국을 통해 한자, 유학, 불교를 수용하였으나 민족의 슬기와 창의력을 바탕으로 제각기 독특한 삼국(고구려·백제·신라) 문화를 이루었다.

는 유교적 가치를 중요시하는 문화 활동을 하였다. 이렇듯 우리 조상들은 불교와 유교를 소화하여 우리의 것으로 만들었던 것이다.

문화의 발전이란 전통 문화의 고수와 그것만의 신장으로 되는 것은 아니다. 민족 문화의 발전은, '튼튼한 전통 문화의 기반 위에서 선진적 외래 문화를 주체적으로 수용하여 새로운 문화 발전을 이루어 낼 수 있는가의 여부에 달려 있다'. 따라서 우리는 민족적 특수성을 유지하면서도 세계사적 보편성을 추구하여 특수와 보편의 조화 위에서 새로운 민족 문화를 발전시켜야 한다.

우리 겨레는 한때, 세계사의 조류에 현명하게 대응하지 못해 식민지 생활의 시련을 겪어야 했다. 그러나 광복 후, 민족의 총체적 노력으로 국력이 급속히 신장되었고, 국제적으로 주목받는 나라로 성장하였다.

▲ 봉돈
봉화로 소식을 전하던 재래식 통신 시설.

II

우리 역사의 시작

한국사

기원전 57년 신라 건국(삼국사기)—벽혁거세
기원전 37년 고구려 건국(삼국사기)—주몽
기원전 18년 백제 건국(삼국사기)—온조
494년 부여, 고구려에 편입
532년 금관가야 멸망
562년 대가야 멸망

세계사

27　로마, 제정 시작
4　그리스도 탄생

▲ 알타미라 동굴 벽화

1 선사 문화의 형성

 구석기 시대

　구석기 시대의 생활 모습은 약 70만 년 전부터 시작되었다. 우리가 살고 있는 지구상에서의 첫 인류라고 불리는 오스트랄로피테쿠스가 약 300만 년 전부터 출현하였으며, 약 200만 년 전에는 호모 하빌리스가 나타났다.

　그들은 서서 걸어다니는, 직립 보행을 하여 두 손으로 돌을 깨뜨리거나 떼어내 만든 뗀석기(주먹도끼)를 사용하였다.

　구석기 시대의 전기에 호모 하빌리스에 뒤이어 곧선사람, 호모 에렉투스가 출현하였다. 자바인과 베이징인이 이에 속하였으며, 동굴에서 살았고 후기에는 움막집에서 살았는데 짐승을 사냥하거나 조개, 물고기를 잡아먹고 열매를 따먹었다. 그리고 불을 이용하여 추위를 이기고 음식을 익혀 먹었으며 가족 단위로 먹을 것을 찾아 이동하는 생활을 하였다.

　구석기 시대 중기에 호모 사피엔스(슬기로운 사람)에 속하는 안데르탈인이 나타났다. 이들은 여러 종류의 석기를 만들어 사용하였

▲ 호모 에렉투스

으며 시체를 매장하는 풍습도 가지고 있었다.

그 후 약 4만 년 전부터 진정한 의미의 현생 인류인 호모 사피엔스 사피엔스(슬기 슬기 사람)가 구석기 시대의 후기에 출현하였다.

이들은 두뇌 용적 및 체질상의 특징이 오늘날의 인류와 거의 같으며, 현 인류에 속하는 여러 인종들의 직계 조상으로 추정되고 있다.

특히, 유럽의 현생 인류인 크로마뇽인은 프랑스 남부와 에스파냐 북부 일대에 훌륭한 동굴벽화를 남겼다.

BC 1만 년경에 빙하기가 끝나고 후빙기가 시작되면서 인류의 생활은 환경의 변화에 적응하여 또다시 바뀌었다. 이에 구석기 시대가 끝나고 과도기인 중석기 시대를 거쳐 점차 신석기 시대가 전개되었다.

❖ 알타미라 동굴 벽화
에스파냐에서 발견된 구석기 시대 동굴 벽화로 당시 사냥감으로 삼았던 들소의 모습을 선명하게 표현하였다.

우리 민족의 기원

동아시아에서는 선사 시대에 여러 민족이 문화의 꽃을 피웠는데, 그 중에서도 우리 민족은 인종상으로는 황인종에 속하고, 언어학상으로는 알타이어계에 속하며, 하나의 민족 단위를 형성하고 농경생활을 바탕으로 하여 독자적인 문화를 이룩하였다.

우리 조상들은 요서, 만주, 한반도를 중심으로 한 동북아시아에 널리 분포되어 있으며 우리나라에 정착한 것은 구석기 시대로부터 신석기 시대에서 청동기 시대를 거치는 과정에서 민족의 기틀이 이루어지게 되었다.

우리나라에 구석기인들이 살기 시작한 것은 약 70만 년 전부터이다. 가장 오래된 대표적인 유적으로는 평남 상원 검은모루 동굴,

❖ 선사시대
인류가 문자를 발명하여 사용한 이후를 역사시대라고 하며, 그 이전을 역사시대의 이전, 즉 선사시대라고 한다.

경기도 연천 전곡리 유적 등이 있으며, 중기 유적으로는 함북 웅기 굴포리, 강원도 양구 상무룡 유적 등이 있다. 후기 유적 가운데에는 충남 공주 석장리, 충북 단양 수양개 유적 등이 유명하다.

이들 유적에서 석기들과 함께 사람과 동물의 뼈 화석, 동물 뼈로 만든 도구 등이 출토되어 구석기 시대의 생활상이 밝혀지게 되었다.

> ❖ 간석기
>
> 간석기는 돌을 갈아서 만든 도구로 날이 예리할 뿐만 아니라 크기나 모양을 일관되게 만들 수 있었다. 또한 여러 번 사용하여 무디어지면 다시 숫돌에 갈아서 쉽게 날을 세울 수 있었기 때문에 실용적이었다. 신석기 시대 뿐만 아니라 청동기 및 철기 시대까지도 생활 용구로 사용되었으며 시간이 흐를수록 더욱 세련되고 정교해져 갔다.

신석기 시대

우리나라의 신석기 시대는 기원전 8,000년경부터 시작되었다. 이때부터 부러지거나 무디어진 도구, 돌을 갈아서 여러 가지의 형태와 용도로 손쉽게 쓸 수 있는 간석기(돌도끼)를 만들어 사용하였다. 또한, 진흙을 불에 구워서 만든 토끼(빗살무늬 토기)를 사용하여

움집

움집은 불완전한 난방을 보완하기 위해 땅을 둥근 모양이나 네모꼴로 60~70㎝ 파서 터를 닦고 기둥을 세운 다음, 동물의 가죽이나 나뭇가지 등으로 덮어서 만들었다. 가운데에는 냇돌로 화덕을 만들었고 저장 구덩이도 설치하였다. 출입구는 햇볕이 잘 드는 남쪽으로 냈으며, 움막의 크기는 지름이 4~6m로 성인 4명 정도가 살기에 적당했다. 움집에서는 일상생활과 취사가 이루어졌고, 15~20채가 한곳에 몰려 있는 것으로 보아 씨족 단위로 집단생활을 했던 것으로 보인다.

음식물을 조리하고 쪄 먹거나 식량을 저장할 수 있게 됨에 따라 생활이 보다 나아지게 되었다. 그리고 그들은 땅을 파고 움집을 지어 그 속에서 살았는데, 공동의 조상을 가진 혈연 공동체, 씨족이 중심이 되어 마을을 이루었다.

이때부터 농사를 짓게 되어 한곳에 자리를 잡아 머물러 사는 정착생활을 하였으며, 가축을 기르고 사냥이나 고기잡이도 계속하였다. 또한, 굴, 홍합 등 많은 조개류를 먹었는데 때로는 깊은 곳에 사는 조개류를 따서 장식으로도 이용하였다.

농경 기술이 발달하면서 사냥은 주로 활이나 창을 이용하였고 물고기잡이에는 여러 가지 크기의 그물과 작살, 돌이나 뼈로 만든 낚시 등을 이용하였다. 때로는 통나무배를 타고 먼 바다에 나가서 물고기를 잡기도 하였다. 또, 농경 도구나 토기의 제작 이외에 원시적인 수공업 생산도 이루어졌다. 가락바퀴나 뼈바늘이 출토되는 것으로 보아 의복이나 그물을 만들어 썼음을 알 수 있다.

이때 그들은 농사에 큰 영향을 끼치는 자연 현상이나 자연물에도 정령이 있다고 믿는 애니미즘이 생겨나게 되었다. 또, 사람이 죽어도 영혼은 없어지지 않는다고 생각하여 영혼의 숭배와 조상 숭배가 나타났고, 인간과 영혼 또는 하늘을 연결시켜 주는 존재인 무당과 그 주술을 믿는 샤머니즘도 있었다.

그리고 자기 부족의 기원을 특정 동식물과 연결시켜 그것을 숭배하는 토테미즘이 있었다.

빗살무늬 토기 유적은 황해도 봉산 지탑리, 서울 암사동, 경남 김해 수가리 유적 등이 대표적이며 모두 강가나 바닷가에 자리잡고 있다.

빗살무늬 토기는 도토리나 달걀 모양의 뾰족한 밑 또는 둥근 밑 모양을 하고 있으며 크기도 다양하다. 빗살무늬 토기의 사용은 농사를 지어 식량을 생산하고 저장하였음을 보여 준다.

▲ 빗살무늬 토기

빗살무늬 토기의 겉면에 빗살 같은 기하학적 무늬가 새겨진 토기를 말한다. 이 토기는 기원전 4000~1000년 무렵까지 산림이 우거진 강이나 하천 주변에서 수렵과 어업을 생업으로 하는 사람들이 주로 만들어 썼다.

청동기·철기 시대

청동기 시대는 기원전 2,000년경에 시작되었는데 생산 경제가 더욱 발달하고 분업이 이루어지면서 사유 재산 제도와 계급이 나타나게 되었다.

청동기 시대의 유적은 만주 지역으로부터 함북 회령 오동리를 비롯한 이북 지역과 경기도 여주 흔암리, 파주 덕은리, 충남 부여 송국리, 충북 제천 황석리, 전남 순천 대곡리 등 널리 분포되어 있다.

이 시대의 전형적인 유물로는 비파형 동검, 세형 동검과 같은 무기와 청동 거울, 민무늬 토기, 반달 돌칼 등과 같은 생활 도구들이 고인돌, 돌무지무덤, 돌널무덤 등에서 나오고 있다.

특히 고인돌은 마을 지도자, 지배자들이 자신의 힘을 과시하기 위해 사람들을 동원하여 만든 큰 무덤이다.

당시 사회는 몇 개의 씨족이 모여 같은 조상과 언어·종교 등을 가진 원시 사회나 미개 사회의 구성단위가 되는 지역적 생활 공동체인 부족을 이루고, 지배하는 사람과 지배를 받는 사람으로 신분

> ◈ **돌작살**
>
> 해안이나 강가에서 신석기 주거지 유적이 발견된 것으로 보아 당시 인류의 생활에서 고기잡이가 차지하는 비중은 상당히 컸다. 구멍을 뚫어 묶기 쉽게 만든 돌작살과 뾰족한 나무에 흑요석의 날을 박아서 사용하는 조합식 작살이 발견되었다.

▲ 세형 동검

 ## 불을 만들다

> 불을 처음 사용한 것은 호모 에렉투스(곧은 사람)였다. 일찍이 베이징의 원인과 중국 남쪽에서 발견된 원모인의 유적에서 불을 사용한 흔적이 발견되었다. 나무 막대를 이용하여 한참 비비다 보면 바닥의 나무와 막대가 닿은 부분에서 연기가 일어난다. 이때 지푸라기나 마른 잎을 대면 불씨가 옮겨 붙는다. 불을 사용하는 방법을 깨우친 뒤로 추위로부터 벗어날 수 있었고, 고기나 곡식을 불에 익혀 먹기 시작하였다.

(계급)이 나뉘어 부족의 우두머리인 족장(군장)이 나타나 부족 국가가 형성되기 시작하였다.

그러므로 당시의 무덤으로 대표적인 고인돌은 경제력이 있거나 정치권력을 가진 지배층의 무덤으로 그 형태는 보통 4개의 굄돌을 세워 돌방을 만들고, 그 위에 거대하고 평평한 덮개돌을 얹어놓은 것이 전형적이었다. 그러나 남쪽으로 내려가면서, 또는 시대가 바뀌면서 무덤의 구조가 지하로 들어가고 여러 개의 받침돌이나 돌무지로 덮개돌을 받친 형태도 나타났다.

어쨌든, 고인돌은 당시 지배층의 정치권력과 경제력을 잘 반영해 주고 있다. 경제력이나 정치권력에서 우세한 부족들은 스스로 하늘의 자손이라고 믿는 선민사상을 가지고 주변의 보다 약한 부족을 통합하거나 정복하고 공납을 요구하였다. 이로써 평등사회는 계급사회로 바뀌어 갔고, 권력과 경제력을 가진 지배자 군장(족장)이 등장하였다.

▲ 뗀석기(주먹도끼)

뗀석기는 돌을 깨뜨려 만든 도구로 돌날 격지를 만들어 여러 용도로 썼다. 주먹도끼는 구석기 시대의 대표적인 도구로 여러 용도로 사용되었다.

한반도에서는 기원전 5세기경부터 철기를 사용하였다. 철기 시대에는 철제 농기구의 사용으로 농업 생산력이 증가하였고, 청동기보다 날카롭고 단단한 철제 무기를 사용하여 힘없는 이웃나라의 정복활동을 활발히 전개하였다. 그러는 한편, 이 시기의 청동기는 점차 의식용 도구로 변화되었다.

철기 시대에는 한반도와 만주 일대에서 세형 동검과 잔무늬 거울 같은 독자적인 청동기가 만들어졌으며, 철로 만든 무기와 농기구를 사용하였다. 이 모두는 발견된 청동기를 제작하는 틀, 거푸집을 통하여 알 수 있다.

또한 국가의 발달로 왕국이 등장하였으며, 경제적으로는 생산량이 전 시대보다 크게 늘고 사람들의 생활 범위가 넓어지면서 교류가 활발해졌다.

철기와 함께 명도전, 반량, 오수전 등도 출토되었는데, 이를 통해 중국과 활발하게 교류한 것을 알 수 있다. 그리고 경남 창원 다오리 유적에서 붓이 발견되어 이미 우리나라에서도 한자가 사용되고 있었음을 알 수 있다.

▲ 고인돌

※ 고조선은 우리 민족 최초의 국가로서 기원전 2333년 단군왕검이 아사달에 도읍을 정하고 건국하였다는 기록이 『동국통감』에 신화의 형태로 나온다.

▲ 여러 가지 간석기
(경북 울진 후포리 및 강원 양양 오산리 출토. ① 돌도끼, ② 돌 화살촉, ③ 돌괭이)

▲ 청동거울

 거푸집

청동기나 철기를 만들 때 사용하는 주무틀로 용범이라고도 한다. 우리나라에서 발견된 것으로는 청동검과 청동거울을 만들었던 돌거푸집과 낙랑유적에서 발견된 돈을 찍어내던 주화 거푸집이 있다.

2 고조선의 성립과 발전

고조선

처음 사서에 등장할 때 '조선'이라 하였다. 고조선이란 명칭은 『삼국유사』에서 처음 사용하였다. 이 때 고조선(왕검조선)이라 한 것은 기자조선이나 위만조선과 구분하기 위해서였다. 그 뒤 『제왕운기』에서는 단군조선을 '전조선(前朝鮮)', 기자조선을 '후조선(後朝鮮)'이라 하였다. 고조선이란 명칭이 널리 쓰인 것은 20세기에 들어와서였다. 이씨조선과 구분되는 고대의 조선이란 의미이다. 구체적으로 고조선이 포괄하는 범위에 대해서는, 서기전 2세기 초에 일종의 정변을 통해 등장한 위만조선 이전 시기에 존재한 조선만을 칭하는 경우와, 위만조선까지를 포괄해 고조선이라 하는 경우로 나누어진다.

 고조선

고조선은 우리 민족 최초의 국가로서 기원전 2,333년 단군왕검이 아사달에 도읍을 정하고 건국하였다는 기록이 『동국통감』에 신화의 형태로 나온다.

고조선의 건국과 관련된 내용은 단군 신화를 통하여 알 수 있는데, '널리 인간을 이롭게 한다'는 홍익인간의 통치이념과 하늘의 자손임을 내세우는 선민사상이 나타나 있고 농업 중심의 사회였음을 알 수 있다. 또한 단군왕검의 존재를 통해 제정일치 사회의 모습을 알 수 있으며, 곰 환웅과 호랑이를 통해서 토테미즘과 부족 연합의 성격을 엿볼 수 있다.

이 시기에 고조선은 요령(랴오닝) 지방, 만주와 한반도 일대를 차지하고 독자적인 문화를 이룩하며 발전하였다. 곧 환웅 부족은 태백산의 신시를 중심으로 세력을 이루었고, 이들은 하늘의 자손임을 내세워 자기 부족의 우월성을 과시하였다.

또한 풍백·우사·운사를 두어, 바람·비·구름 등 농경에 관계되는 것을 주관하게 하였으며, 사유 재산의 성립과 계급의 분화에 따라 지배계급은 농사와 형벌 등의 사회생활을 주도하였다.

단군은 제정일치의 지배자로서 고조선의 성장과 더불어 주변의 부족을 통합하고 지배하기 위해 자신들의 조상을 하늘에 연결시켰다. 즉, 각 부족 고유의 신앙 체계를 총괄하면서 주변 부족을 지배하고자 하였던 것이다.

고조선 초기에는 요령 지방에 중심을 두었으나, 후에 와서 대동강 유역의 왕검성을 중심으로 독자적인 문화를 이룩하면서 발전하였다. 한때 고조선은 연나라의 침입을 받아 약해지기도 하였다. 이때 중국 사회의 변화에 따라 이주민들이 들어오고 중국의 철기 문화가 함께 들어왔다.

기원전 3세기경에는 부왕(否王)·준왕(準王)과 같은 강

▲ 단군왕검

단군은 종교적 지배자인 제사장을 의미하고, 왕검은 정치적 지배자를 의미한다. 즉, 이 시기에는 정치적 지배자가 종교적 지배자의 역할까지 한 것을 알 수 있다.

단군의 건국 이야기

하느님(환인)의 아들인 환웅은 사람들이 사는 세상에 관심이 많았다. 그래서 아버지 환인의 허락을 받아 천부인 세 개를 얻어 인간 세상에 내려가게 되었는데, 그가 자리잡은 곳은 태백산(지금의 백두산) 신단수 밑이었다. 그는 여기서 풍백, 유사, 운사 등의 부하들과 더불어 인간사 360여 가지의 일을 주관하면서 새로운 세상을 열었다.

이때 그가 내세운 건국이념이 홍익인간(널리 인간을 이롭게 함)이었다.

하루는 곰과 호랑이가 환웅을 찾아와 사람이 되기를 원하자, 환웅은 곰과 호랑이에게 동굴에 들어가 마늘과 쑥만 먹으며 햇빛을 보지 않고 100일 동안 기도하도록 하였다. 호랑이는 도중에 뛰쳐나왔지만 곰은 기도한 지 삼칠일 만에 아름다운 여인이 되었다. 환웅은 이 여인을 아내로 맞이하여 아들을 낳았는데 그가 바로 단군왕검이다.

력한 왕이 등장하여 안정적으로 왕위를 세습하였으며, 그 밑에 상(相)·대부(大夫)·장군(將軍) 등의 관직도 두었다. 또한 요서 지방(요하)을 경계로 하여 중국의 연(燕)나라와 교류하거나 대립할 만큼 성장하였다.

한 군현(한4군)

고조선 멸망 후 한(漢)나라 무제가 기원전 108년에 4군을 설치하여 ― 낙랑·현도·진번·임둔의 4군― 그 성장을 억제하려고 하였으나, 압록강 중류를 중심으로 급성장한 고구려에 의해 서기 313년에 멸망하였다.

위만조선

중국이 전국 시대 이후로 혼란에 휩싸이게 되자 유이민들이 대거 고조선으로 넘어오게 되었다. 고조선은 그들을 받아들여 서쪽 지역에 안배하여 살게 하였다. 그리고 또 한 차례, 진(秦)·한(漢)나라 교체기에 유이민 집단이 이주하여 왔는데, 그 중 위만이 자신의 무리 1,000여 명을 이끌고 고조선에 들어왔다.

위만(衛滿)은 처음에 고조선의 준왕에게 서쪽 변경에 거주할 것을 청하여 허락을 받아, 준왕의 신임을 얻고 서쪽 변경을 수비하는 임무를 맡게 되었다.

이때, 위만은 그것을 기반으로 하여 이주민 세력을 통솔하는 한편, 자신의 세력을 확대하여 결국은 수도인 왕검성에 쳐들어가 준왕을 몰아내고 스스로 왕이 되었다(기원전 194년).

위만이 연나라에서 망명해 오긴 했지만 머리에 상투를 틀었고, 고조선의 옷을 입었었다.

어쨌든 위만 왕조의 고조선은 전통적인 법률, 문화, 관습을 그대로 유지하면서 철기 문화를 본격적으로 수용하였다. 철기를 사용함으로써 농업과 무기 생산을 중심으로 한 수공업이 더욱 성하게 되었고, 그에 따라 상업과 무역도 발달하였다.

그 무렵, 고조선은 사회, 경제의 발전을 기반으로 중앙 정치 조직

위만

중국 전국시대에 제·조·연나라의 백성들이 난을 피하여 대거 조선으로 몰려들었는데, 위만도 이때 무리 1,000여 명을 이끌고 고조선으로 망명하였다.

을 갖춘 강력한 국가로 성장하였다. 그리고 우세한 무력을 바탕으로 광대한 영토를 차지하였을 뿐만 아니라 지리적인 이점을 이용하여, 예(濊)와 진(辰)이 중국 한나라와 직접 교역하는 것을 막고, 중계 무역의 이득을 독점하려 하였다.

이에 고조선의 성장에 위협을 느낀 한나라 무제가 수륙 양면으로 대규모의 군대를 보내어 침략을 감행하였고, 1년여 동안 한나라 군대에 대항하였으나, 지배층 내부의 분열을 조장한 한나라의 계략으로 인하여 왕검성이 함락되고 고조선은 기원전 108년에 멸망하였다.

고조선이 멸망하자, 한나라는 고조선의 일부 지역에 군현(한4군)을 설치하여 통치하고자 하였으나 한 군현은 고조선 토착민의 강력한 반발에 부딪쳤다. 그리하여 그 세력은 점차 약화되었고, 결국 고구려의 공격을 받아 A.D. 313년에 소멸되었다.

❖ **고조선의 건국**
고조선은 우수한 청동기를 바탕으로 만주 지역의 여러 세력을 정복하고 한반도의 서북 지방까지 세력을 넓혔다. 당시 고조선의 세력 범위는 비파형 동검과 탁자식 고인돌, 미송리식 토기의 분포를 통하여 짐작할 수 있다.

고조선의 사회

고조선의 사회는 지배자와 피지배자로 나뉘어 있었고, 왕 아래에 상·대부·장군 등이 정치와 군사를 담당하였다.

중국의 역사서 『한서지리지』에는 고조선의 법 8조 중 3개 조목이 기록되어 있어 이를 통하여 당시의 사회상을 파악할 수 있다.

그러나 고조선이 멸망한 후 한4군이 설치되어 억압과 수탈을 가하게 되자, 토착민들은 이를 피하여 이주하거나 단결하여 한 군현에 대항하였다. 이에 한 군현은 엄한 율령을 시행하여 자신들의 생명과 재산을 보호하려 하였다.

그에 따라 사회가 더욱 복잡해져 법 조항도 60여 조로 증가되었고 풍속 또한 각박해졌다.

고조선의 8조법

① 사람을 죽인 자는 사형에 처한다.
② 남을 다치게 한 자는 곡물로 배상한다.
③ 도둑질한 자는 그 집의 노비로 삼는다. 이를 면하려면 벌금 50만 전을 내야 한다.

…… (고조선에서는) 백성들에게 금하는 법 8조를 만들었다.

그것은 대개 사람을 죽인 자는 즉시 죽이고, 남에게 상처를 입힌 자는 곡식으로 갚는다. 도둑질을 한 자는 노비로 삼는다. 용서받고자 하는 자는 한 사람마다 50만 전을 내야 한다. 비록 용서를 받아 보통 백성이 되어도 사람들은 이를 수치스럽게 여겨 결혼을 하고자 해도 짝을 구할 수 없었다.

이 때문에 그 백성들이 도둑질을 하지 아니하므로 문단속을 하는 일이 없었다. 이리하여 백성들은 도둑질을 하지 않아 대문을 닫고 사는 일이 없었다.

— 『한서지리지』

3 고조선을 뒤이은 여러 나라의 성장

 ## 부여

부여는 만주 송화강 유역의 평야 지대를 중심으로 성장하였다. 농경과 목축을 주로 하였으며, 말·주옥·모피 등의 특산물을 생산하였다.

부여는 이미 1세기 초에 왕호를 사용하였고, 중국과 외교 관계를 맺는 등 발전된 국가의 모습을 보였으나 북쪽으로는 선비족, 남쪽으로는 고구려와 접하고 있었다. 결국 3세기 말 선비족의 침략을 받아 크게 쇠퇴하였고, 494년 고구려에 편입되었다.

부여에는 왕 아래에 가축의 이름을 딴 마가·우가·저가·구가와 대사자, 사자 등의 관리가 있었다. 이들 가(加)는 별도의 행정구역인 사출도(四出道)를 다스리고 있어서, 왕이 직접 통치하는 중앙과 합쳐 5부를 이루었다. 특히 가들은 왕을 추대하기도 하였고, 수해와 한해를 입어 흉년이 들면 그 책임을 왕에게 물었다.

그렇지만 왕이 나온 대표 부족의 세력은 매우 강해져서 궁궐, 성

❖ **부여 법의 특징**

생명(노동력) 중시와 계급 사회/1책 12법/가부장적 사회제도

❖ **제천행사**

제천행사는 풍년을 기원하고 추수를 감사하기 위해 하늘에 제사하는 의식

책, 감옥 등의 시설을 갖추고 있었다. 풍속으로는 흰옷을 즐겨 입었으며 신하와 노비들을 함께 묻어 장사지내는 순장(殉葬)과 제천의식의 하나인 영고(迎鼓) 등이 있었는데, 순장은 왕이나 지배층이 죽으면 많은 사람을 껴묻거리로 함께 무덤에 묻는 것이었다.

그리고 영고는 12월(정월 보름)에 열리는 제천행사로, 이때 사람들은 하늘에 제사를 지내고 노래와 춤을 즐기며, 죄수를 풀어주기도 하였다. 또한, 전쟁이 일어나면 제천 의식을 행하고, 소를 죽여 그 굽으로 길흉을 보는 점복을 하기도 하였다.

부여의 법으로는 고조선의 8조법과 유사한 성격의 법, 4조목이 있었다.

① 살인한 자는 사형에 처하고 그 가족을 노비로 삼는다.
② 남의 물건을 훔쳤을 때에는 물건값의 12배로 배상을 물린다.
  ⇒1책 12법
③ 간음한 자는 사형에 처한다.
④ 부인이 질투하면 사형에 처하되, 그 시체는 산 위에 버리며 그 시체를 가져가려면 소나 말을 바쳐야 하는다는 것이었다.

> ❖ 영고
> 부여에서 추수가 끝난 후 음력 12월에 하늘에 제사를 지내던 의식

부여는 연맹 왕국의 단계에서 멸망하였지만, 우리 역사에서 차지하는 의미는 매우 크다. 그 이유는 고구려나 백제의 건국 세력이 부여의 한 계통임을 자처하였고, 또 이들의 건국 신화도 같은 원형을 바탕으로 하고 있기 때문이다.

▲ 무용총 수렵도
(중국 지린 성 지안)
고구려 사람들이 평소에 활쏘기를 통하여 무예를 단련하고 사냥을 즐겼음을 보여주는 그림이다.

고구려

고구려는 부여에서 남쪽으로 정치적 박해를 피해 내려온 주몽에

의하여 건국되었다(B.C. 37년). 주몽은 부여의 지배계급 내의 분열, 대립 과정에서 박해를 피해서 압록강의 지류인 동가강 유역의 졸본(환인) 지방에 자리잡았다. 이 지역은 대부분 큰 산과 깊은 계곡으로 된 산악지대로서 토지가 척박하여 힘써 일을 하여도 항상 식량이 부족하였다.

고구려는 건국 초기부터 주변의 작은 나라들을 정복하여 평야지대로의 진출을 꾀하였다. 그 후 고구려는 수도를 압록강변의 국내성(통구)으로 옮겨 5부족 연맹을 토대로 발전하였다.

그리고 옥저를 복속시켜 공물을 받는 등 동쪽으로는 정복 사업을 벌이는 한편, 한나라의 군현을 공략하여 313년경에는 낙랑군과 대방군을 정복하고 요동지방으로 진출하였다.

고구려 역시 부여와 마찬가지로 왕 밑에 대가들이 있었으며, 이들은 각기 사자·조의·선인 등 관리를 거느리고 독립된 세력을 유지하였다. 그리고 중대한 범죄자가 있으면 제가회의에 의해 사형에 처하고, 그 가족을 노비로 삼았다.

또, 고구려에는 서옥제라는 데릴사위의 혼인 풍속이 있었다. 그리고 건국 시조인 주몽과 그 어머니 유화부인을 조상신으로 섬겨 제사를 지냈고, 10월에는 추수 감사제인 '동맹'이라는 제천행사를 성대하게 하였다.

▲ 졸본성
자연 암벽으로 둘러싸인 요새로, 중국에서는 오녀산성이라고 부른다.

옥저와 동예

함경도 함흥평야를 중심으로 한 북부 지역의 옥저와 강원도 북부의 동해안 지역에 위치한 동예는 일찍부터 고구려의 압박과 수탈로 크게 성장하지 못하고, 읍군과 삼로라는 군장이 자기 부족만을 다스리는 단계에 멈추어 있다가 고구려에 흡수되었다.

옥저는 토지가 비옥하여 농사가 잘 되었고, 바닷가 주변에 위치하여 소금, 어물 등 해산물이 풍부하였다. 그러나 고구려의 압력으로 소금, 어물 등 해산물을 공납으로 바쳐야 하였다.

옥저인은 고구려인과 같이 부여족의 한 갈래였으나 풍속이 달라 혼인 풍습으로 민며느리제가 있었고, 가족이 죽으면 시체를 가매장하였다가 나중에 그 뼈를 추려서 가족 공동의 무덤인 커다란 목곽에 안치하였다. 또, 죽은 자의 양식으로 쌀을 담은 항아리를 매달아 놓기도 하였다.

동예 역시 토지가 비옥하여 농사가 잘 되었고 해산물이 풍부하여 농경, 어로 등 경제생활이 윤택하였다. 특히, 누에를 쳐서 명주를 짜고 삼베도 짜는 등 방직기술이 발달하였다.

특산물로는 활과 과하마(작은말), 반어피(바다표범) 등이 유명하였다. 과하마(果下馬)는 사람을 태우고도 과일나무 밑을 지날 수 있을 만큼 키가 작은 말이다.

동예에서는 매년 10월에 '무천'이라는 제천행사를 열었다. 그리고 같은 씨족끼리 혼인하지 않는 풍습, 족외혼을 엄격히 지켰으며, 산천을 중시하여 각 부족의 영역을 함부로 침범하지 못하게 하였다. 만약 다른 부족의 생활권을 침범하면 책화라 하여 노비와 소, 말로 변상하게 하였다.

> ❖ **민며느리제**
> 어린 여자아이를 남자 집에 데려가서 일을 시키면서 키우다가 장성하면 예물을 주고 결혼하는 풍습이다. 예부제라고도 불렀다.

삼한

고조선 당시 한강 이남 지역에는 일찍부터 진(辰)이라는 세력이 있었다. 위만조선의 성립과 고조선의 멸망 등 고조선의 사회 변동에 따라 진으로 내려온 유이민들에 의해 새로운 문화가 보급되면서, 마한·진한·변한의 연맹체가 나타났다.

마한은 대전·익산 지역을 중심으로, 경기·충청·전라도 지방에서 발전하여 54개의 소국으로 이루어져 10만여 호였다.

진한은 대구·경주 지역을 중심으로, 변한은 김해·마산 지역을 중심으로 발전하여 모두 4만에서 5만 호였다.

삼한 중에서 마한의 세력이 가장 컸으며, 마한을 이루고 있는 소국의 하나인 목지국(目支國)의 지배자가 마한왕 또는 진왕으로 추대되어 삼한 전체를 주도하였다.

그러나 삼한의 지배자 중 세력이 큰 것은 신지·견지 등으로, 작은 것은 부례·읍차 등으로 불리는 군장들이 다스렸다.

▲ 솟대

솟대는 마을신의 상징으로, 소도의 입구에 세워 신성한 지역임을 표시하였다. 장대 끝에 나무로 깎은 새를 붙여 세운다.

천군과 소도

삼한은 각기 장수가 있어서 우두머리를 '신지'라 하고, 그 다음을 '읍차'라 하였다. 5월이 되어 씨를 다 뿌리고 나면 신에게 제사를 지낸다. 이때는 모든 사람이 모여서 밤낮으로 노래하고 춤을 추며 술을 마시고 놀았다. 10월에 농사가 끝나면 또 한 번 이렇게 하였다. 신을 믿었기 때문에 국읍마다 한 사람을 세워 천신에 대한 제사를 주관하게 하였는데, 이 사람을 '천군'이라 불렀다. 또, 천군이 있는 신성한 곳을 '소도'라 하고 큰 나무를 세우고 방울과 북을 달아 귀신을 섬겼다. 도망하여 그 안으로 들어온 사람은 누구든 돌려보내지 않았다.

『—삼국지』 위지 동이전

▫ 삼한에는 정치적 지배자인 신지와 종교적 지배자인 천군의 존재가 있었다.

또한, 삼한에서는 정치적 지배자인 군장 이외에 제사장인 천군이 있었다. 천군은 제사장으로서 농경과 종교에 대한 의례를 주관하는 종교적 지배자였다. 천군이 있었던 곳은 소도(蘇塗)인데, 이곳은 신성한 지역으로 군장의 세력조차 미치지 못하였다. 비록 죄인이라도 도망을 하여 이곳에 숨으면 잡아가지 못하였다.

이러한 제사장의 존재에서 원시 신앙의 변화와 제정(祭政, 제사와 정치하는 일)의 분리를 엿볼 수 있다.

삼한의 일반인들은 '읍락'에 살면서 농업과 수공업의 생산을 담당하였다. 읍락은 일정한 깊이로 넓은 구덩이를 파고 바닥시설을 만든 집, 초가지붕의 반움집이나 귀틀집을 말한다.

또, 공동체적인 전통을 보여주는 두레 조직을 통하여 여러 가지 공동 작업을 하였다.

그리고 삼한에서 해마다 씨를 뿌리고 난 뒤인 5월의 수릿날(단오)과 가을 곡식을 거두어들이는 10월에 계절제를 열어 하늘에 제사를 지냈다. 이러한 제천행사에는 온나라 사람들이 모두 모여서 음식과 술을 마련하여 노래를 부르고 춤을 추며 즐겼다.

삼한 사회는 철기 문화를 바탕으로 하는 농경사회, 곧 철제 농기구의 사용으로 농경이 발달하였고 벼농사가 널리 행하여졌다. 특히, 농경을 위한 저수지가 만들어졌다. 김제 벽골제, 밀양 수산제, 제천 의림지 등을 삼한 시대 이래의 저주지들이다.

변한에서는 철이 많이 생산되어 낙랑과 일본 등에 수출하였으며 철은 교역에서 화폐처럼 사용되었다.

이와 같은 철기 문화의 발전은 삼한 사회의 변화를 가져와 지금의 한강 유역에서는 백제국이 커지면서 마한 지역을 통합해 갔다. 그리고 낙동강 유역에서는 가야국이, 또 그 동쪽에서는 사로국이 성장하여 중앙집권 국가의 기반을 마련하면서 각각 가야 연맹체와 신라 성립의 기틀을 다져 나갔다.

❖ 귀틀집
큰 통나무를 정(井)자 모양으로 귀를 맞추어 층층이 얹고 틈을 흙으로 메워서 지은 집이다.

❖ 삼한의 구성
마한은 54개의 소국으로 구성되었고, 진한과 변한은 각기 12개의 소국으로 이루어졌다. 규모가 큰 소국은 1만여 호(가구)였으며, 규모가 작은 소국은 6~7백 호였다.

III

삼국의 형성과 발전

한국사	세계사
신라 건국 57	4 그리스도 탄생
고구려 건국 37	45 인도, 쿠산 왕조 성립
백제 건국 18	280 진(秦)의 중국 통일
고구려 진대법 실시 194	313 로마 크리스트교 공인
백제 고이왕 260	316 5호 16국 시대
고구려 낙랑군을 멸망시킴 313	375 게르만족 대이동 시작
고구려 불교 전래, 태학 실시 372	395 로마 제국 동서로 분열
백제 불교 전래 384	439 중국 남북조 성립
백제 일본에 한학을 전함 405	476 서로마 제국 멸망
고구려 평양 천도 427	486 프랑크 왕국 건국
나·제 동맹 성립 433	529 유스티니아누스 법전 편찬
신라 우경 실시 502	베네딕트, 몬테카시노 수도원 창설
신라 불교 공인 527	537 콘스탄티노플의 성 소피아 성당 건립
백제 사비성 천도 538	589 수나라 중국 통일
백제 일본에 불교 전파 552	610 이슬람교 창시
고구려 살수 대첩 612	618 당의 건국(~907)
백제 멸망 660	622 헤지라(이슬람 기원 원년)
고구려 멸망 668	629 현장, 대당서역기를 씀
	645 일본 다이카 개신

1 고구려

부여 땅에서 왕자들의 시기와 질투, 정치적 박해를 받던 주몽은 부여 땅, 북부 만주를 벗어나 남쪽의 압록강 지류인 동가강 유역 졸본에 도읍을 정하고, 나라 이름을 '고구려'라 하였다.

기원전 37년의 일이다.

동명성왕 - 주몽의 탄생 신화

천제의 아들 해모수가 어느 날 사냥을 나갔다가 아리수(압록강) 강가에서 목욕하는 아름다운 여인을 만났다.

"그대는 누구인가? 어찌하여 홀로 이곳에 있는가?"

"소녀는 강을 다스리는 하백의 딸 유화라고 합니다."

그녀가 다소곳이 말하자 해모수가 날도 저물어 하룻밤 재워달라고 청을 하여 유화의 집에서 하룻밤을 보냈다.

해모수는 아름다운 유화에게 사랑을 고백하고 정을 나누었다.

해모수
북부여의 첫 임금. 천제(天帝)의 아들로 하백(河伯)의 딸 유화(柳花)와 정을 통하여 주몽(朱蒙)을 낳았다.

하백
고구려 시조 주몽의 외할아버지. 주몽의 어머니 유화가 해모수와 사통한 것을 알고 태백산 남쪽 우발수로 내쫓았다.

삼국의 형성과 발전 37

유화부인

고구려의 시조 주몽, 동명성왕의 어머니. 하백의 딸. 천제의 아들 해모수와 만나 알을 낳았는데 그 속에서 주몽이 나왔다 함.

주몽
(B.C. 37~19재위)

고구려의 시조. 성은 고(高)이며 이름은 주몽(朱蒙), 추모, 상해, 추몽, 중모, 도모 등으로 전해지고 있다. 동명성왕이라고도 한다. 알에서 태어난 활을 잘 쏘는 사람이다. 주몽은 압록강 유역의 졸본 땅에 나라를 세우고, 나라 이름을 고구려라 하였다.

다음 날, 해모수는 유화에게 다음의 말을 남기고 돌아갔다.
"나는 천제의 아들인데 오늘 급히 하늘나라로 돌아가야 한다."
며칠 후, 강을 다스리는 하백이 돌아왔다. 하백에게는 딸이 셋 있었는데 유화가 첫째이고, 훤화가 둘째, 위하가 셋째딸이었다. 동생들은 유화에게 있었던 일을 아버지 하백에게 고했다.

화가 난 하백은 유화를 집에서 내쫓았다. 이에 유화는 해모수를 만나기 위해 태백산 남쪽 우발수로 갔다.

유화가 강가에서 방황하고 있을 때 마침 그곳에서 사냥하던 동부여의 왕, 금와왕이 그녀를 불쌍히 여겨 궁궐로 데려왔다. 금와왕은 가섭원에 동부여를 세운 해부루의 아들이다.

부여왕 해부루는 나이가 많았으나 아들이 없어 명산을 찾아다니며 기도하였다. 그러던 중 어느 날, 해부루가 탄 말이 곤연 연못가에 이르러 큰 돌을 보고 눈물을 흘리는 것이었다. 왕은 이상하게 생각하고는 그 돌을 떠밀어 보니, 그 돌 밑에 노란 개구리 모양을 한 갓난아이가 웅크리고 있었다.

왕은 하늘이 내려주신 아들이라 여기며 궁궐로 데리고 가서 그 아이 이름을 '금와' 라 하였다. 그 후 부여 왕 해부루는 도읍을 옮기고 나라 이름을 '동부여' 라 하였다. 해부루가 죽자, 그 뒤를 금와가 이었다.

그런데 어느 날, 사냥을 나갔던 금와왕은 우발수 강가에서 말에게 물을 먹이려다가 외딴 강가에 홀로 서 있는 유화를 발견하고 궁궐로 데려왔던 것이다.

동부여 궁에서 살게 된 유화는 출산의 고통을 겪다가 큰 알을 낳았다. 금와왕은 유화가 알을 낳았다는 소식을 듣고 언짢게 여겨 신하들에게 명령했다.

"해괴한 일이구나. 사람이 알을 낳다니, 필시 불길한 징조이니 알을 돼지우리에 갖다 버려라!"

알을 돼지먹이로 주었더니 돼지들이 알을 피했다. 그러자 또 다시 명령을 내렸다.

"그래? 그러면 길에 갖다 버려라."

그러나 이번에도 역시 거리를 지나는 소나 말, 개들까지 모두 알을 피해 다녔다. 그러자 이번엔 들판에 버리도록 명했다. 들판에 버려진 알을 새들이 날아와 따듯하게 품어 주었다.

심지어는 몽둥이로 힘껏 알을 내리쳐도 알은 끄덕도 하지 않았다. 그제야 왕은 그 알이 보통이 아니라고 생각하고 유화부인에게 돌려주라고 했다. 알을 돌려받은 유화부인은 이불에 싸서 따듯한 곳에 두자 며칠 후 건장한 사내아이가 알을 깨고 나왔다.

알에서 태어난 사내아이는 무럭무럭 자라났고 7세가 되자 스스로 활과 화살을 만들었다. 더구나 화살을 쏘기만 하면 모두 백발백중이었다. 그 시대에는 활을 잘 쏘는 사람을 주몽이라 했는데 유화부인은 아이가 활을 잘 쏜다고 하여 주몽(朱蒙)이라는 이름을 붙였다.

이때 금와왕에게는 태자 대소를 비롯해 일곱 명의 왕자가 있었다. 주몽은 그들과 함께 자랐지만 항상 왕자들보다 뛰어나자 이를 시기한 첫째왕자 대소가 금와왕에게 말했다.

"주몽은 사람의 자식이 아닌데다가 능력이 뛰어나고 용감하여 뒷날 반란을 일으킬 것입니다. 지금 없애 버리는 것이 좋을 듯합니다."

그러나 금와왕은 첫째왕자 대소의 말을 듣지 않고 대신 마구간으로 보내 말을 돌보게 했다. 그러자 유화부인은 주몽에게 이렇게 일렀다.

"애야, 마구간에서 제일 잘 달리는 말을 고른 후 야위게 만들어야 한다. 그 대신 다른 말들은 먹이를 많이 주어 살을 찌워라."

주몽은 아주 뛰어난 말을 골라 혓바닥에 바늘을 찔러 놓아 잘 먹지 못하게 하였다. 시간이 지나면서 주몽이 고른 말은 몹시 야위었

▲ 중원 고구려비
고구려의 세력이 남한강 유역까지 미쳤음을 확인할 수 있는 기록이 새겨져 있다. 국보 제205호.

▲ 쌍영총(중국 지린성 지안) 벽화의 기병 모습

고, 다른 말들은 살이 올라 보기 좋게 되었다. 그러던 어느 날 금와왕이 마구간에 들렀다가 여윈 말을 보고 놀라 물었다.

"아니, 저 말은 왜 저렇게 말랐느냐?"

"대왕마마! 저의 불찰이옵니다."

"그럴 수도 있겠지. 저 마른 말을 너에게 주겠다. 이제부터 마구간 일은 그만두고 저 말을 잘 길러 보거라."

그러자 주몽은 말을 집으로 데려와 잘 먹이고 훈련시켜 여윈 말을 명마로 길러냈다.

주몽이 20세가 되었을 때 유화부인은 예씨 성을 가진 여인과 짝을 맺어 주었다. 그렇지만 태자 대소를 비롯한 일곱 명의 왕자들은 주몽을 해치기 위해 호시탐탐 기회를 노리고 있었다. 그래서 주몽은 떠나기로 마음먹었다.

마침 어머니 유화부인도 주몽을 불러 부여궁을 떠나라고 했다.

이에 주몽은 임신 중인 아내에게 달려가 칼집에서 칼을 뽑아 두 동강을 낸 후 그 하나를 증표로 아내에게 보여 주며 이렇게 말했다.

"한 쪽의 칼을 일곱 모서리가 있는 돌 위 소나무 밑에 묻어 두겠소. 만약 사내아이가 태어나면 이것을 찾은 후 나에게 보내시오."

그런 다음 주몽은 그의 친구들인 오이와 협보와 마리 등을 불렀다.

"난 오늘 이곳을 떠나기로 결정했다."

"형님, 어디로 가시려고 하십니까?"

"남쪽으로 내려가 나라를 세우겠다."

"저희들도 함께 따르겠습니다."

주몽은 그들과 함께 자신이 길러온 명마를 타고 부여궁을 떠났다. 이 사실을 늦게 보고받은 태자 대소는 군사들을 데리고 주몽의 뒤를 쫓았다.

앞서 떠난 주몽 일행은 엄사수(압록강 동부)에 이르렀으나 강이

깊어 건널 수가 없었다. 그때 뒤에서는 대소 태자와 군사들이 바람같이 접근해 오고 있었다. 주몽은 손으로 하늘을 가리키며 강물을 향해 소리쳤다.

"나는 해모수의 아들이자 강을 다스리는 신 하백의 외손자이다. 지금 뒤쫓는 자들을 피해 여기까지 왔으나 강을 건너지 못하고 저들에게 붙잡힐 것 같으니 이를 어찌할 것인가!"

그리고는 활로 물을 내리치자 물 속의 물고기와 자라들이 강물 위로 떠올라 다리를 만들어 주었다. 그리하여 주몽 일행은 무사히 강을 건널 수 있었다.

주몽 일행이 무사히 강을 건너자 물고기와 자라들은 감쪽같이 사라졌다. 이들 일행은 모둔골에 도착했는데 이곳에서 기골이 장대한 무골, 재사, 묵거 등을 만났다.

주몽은 이들에게 자신의 뜻을 말했다.

"내가 큰 뜻을 품고 나라를 세우려고 하오. 오늘 세 분을 만난 것은 하늘의 뜻이라 생각합니다."

"거두어만 주신다면 충성으로 따르겠습니다."

이에 주몽은 졸본 땅(훈강 유역의 환인 지방)에 도착했는데 이곳은 땅이 기름지고 도읍을 정하기에 안성맞춤이었다. 22세의 주몽은 미처 궁궐을 지을 겨를이 없어서 비류수 강가에 초가를 짓고 나라를 세웠다. 그리고 나라 이름을 고구려(기원전 37년)라 하였다.

이 주몽이 바로 고구려의 시조인 동명성왕이다.

훈강 유역의 환인 지방, 졸본 땅은 기름지고 도읍을 정하기에 안성맞춤이었다. 그리하여 비류수 강가에 초가를 지어 나라를 세웠다.

부여와의 대결

부여의 대소왕은 5만 병력을 이끌고 고구려를 공격해 왔다. 어린 시절을 같이 보낸 대소에게 주몽은 가장 위협적인 인물이었다. 주몽은 기골이 장대하고 생김이 남달랐을 뿐만 아니라, 지혜로웠으며 무술에도 뛰어났다. 특히 활을 잘 쏘았다. 그래서 어려서부터 다른 형제들의 시기를 샀으며, 청년이 되어서는 생명의 위협까지 느끼게 되었다.

그런 사정으로 인하여 주몽은 부여를 탈출했던 것이다. 그런데 이제 부여의 대소왕은 주몽이 세운 고구려를 정복하고 중국 동부 지방에서 최강의 지위를 얻고자 군사를 동원한 것이다.

그러나 부여의 고구려 원정은 처참한 패배로 끝나고 말았다. 마침 큰 눈이 내려 동상에 걸린 군사들이 속출하였고, 얼어 죽기까지 하였다. 그 후에도 계속된 두 나라의 싸움은 고구려의 승리로 기울어 갔다.

고구려가 부여에게 치명상을 입힌 것은 13년에 있었던 '학반령(고개) 전투'에서였다. 부여는 고구려가 신라와의 군사적 대립 상황으로 어렵게 되자 그것을 기회로 고구려를 침략했던 것이다. 그런데 그만 학반령에서 고구려의 기마병 전술에 빠져 크게 패하고 말았다.

고구려의 발전

❖ 계루부
고구려 때, 왕족을 포함한 고구려 정치 조직의 주축이 된 다섯 부족 중의 하나. 이들 다섯 부족을 고구려의 오부라고 하며 여기에는 소노부(消奴部), 계루부(桂婁部), 절노부(絕奴部), 관노부(灌奴部), 순노부(順奴部)가 있다.

주몽은 처음에는 계루부의 우두머리에 지나지 않았다.

어느 날 주몽이 비류수 가를 거닐다가 거슬러 올라가서 송양국 소노부에 도착하였다.

송양국의 왕이 주몽에게 말했다.

"그대는 보통 사람이 아닌 것 같은데 어디서 온 누구인가?"

"나는 하늘나라 황제의 아들로 나라를 세워 다스리고 있소."
"이 나라는 이미 오래 전부터 있어온 나라요, 한 나라에 두 명의 왕이 있을 수 없으니 그대가 나의 부하가 되는 것은 어떻겠소?"
주몽은 몹시 화가 났지만 겉으로는 드러내지 않고 말했다.
"힘을 겨루어 이기는 사람이 왕이 되기로 합시다."
"좋소."
이 힘겨루기에서 주몽이 이겨 왕이 되고 계루부가 연맹체의 중심 세력이 되었다.

▲ 고구려의 발상지 오녀산성

그 후 세월이 흐름에 따라 계루부는 점점 더 강해져 다른 집단과는 비교할 수 없을 정도가 되었다.
이렇게 세력이 강해지자 계루부 왕은 연맹체의 이름뿐인 우두머리가 아니라 진짜 힘 있는 왕이 되고 싶었다.
계루부의 태조 주몽은 힘을 합쳐 중국의 요동과 낙랑 방면을 공격하였으며, 옥저와 동예도 정복하였다. 이러한 성정에 힘입어 고국천왕은 부족적 전통의 5부로 행정적 성격의 조직으로 바뀌었고, 부자 상속의 왕위 계승 방식을 이루어 왕권 강화와 중앙집권화를

고구려의 5부

고구려 건국 초기 연맹국가 형성에 참여한 5부로 소노부·계루부·관노부·절노부·순노부가 있었다.

처음에는 소노부가 가장 우세하여 왕의 지위를 계승하였다. 그러나 점차 계루부가 강성하여 왕족을 이루었다. 5부는 국가를 형성한 다음에도 독자적인 세력권을 유지하고 있었으나, 고대 왕국으로서 중앙집권화가 강화되면서 고유의 명칭을 상실하고 각기 방위(동·서·남·북)를 나타내는 명칭으로 바뀌었다.

더욱 진전시켰다.

　미천왕 때는 국가의 체제를 모두 갖추고 진짜 나라라고 일컬을 만하게 모양을 갖추게 되었다. 이에 소수림왕 때는 백성들을 다스리기 위해 율령을 널리 펴고, 불교를 공인하였으며, 인재를 기르기 위해 학교인 태학을 세웠다.

　불교를 받아들여 온 나라에 퍼뜨렸다. 이를 바탕으로 장수왕과 광개토대왕 때에는 마침내 한반도와 만주에 걸친 대제국을 세울 수 있었다.

　광개토대왕은 활발한 정복활동을 바탕으로 만주 지방을 대부분 차지하였고, 신라에 침입한 왜를 격퇴하면서 신라와 가야 지역에까지 영향력을 행사하였다.

　장수왕은 수도를 평양으로 옮기고 백제를 공격하여 한강 유역을 확보하였으며, 당시에 분열·대립하고 있던 중국의 남북조와 각각 교류와 견제를 하여 동아시아의 패권을 다투었다.

　이 무렵, 고구려는 전성기를 맞았는데, 북연 왕이 의탁해 오자 장수왕은 한때 북중국의 지배자였던 북연 왕을 영토 내에 머무르게 하고 그를 제후로 대하기도 하였다.

▲ 말을 조각한 부여의 황금 허리띠 고리 (중국 지린 성 위수)

부여 사람들이 황금을 잘 다루고, 또 말을 소중하게 여겼음을 알 수 있다.

 호동왕자와 낙랑공주

　호동왕자는 고구려 3대 대무신왕의 아들로 태어나 기골이 장대하고 성격이 쾌활하며 명랑했다.

　어느 날 호동왕자가 옥저로 여행을 떠났는데 낙랑국왕 최리가 보고는 첫눈에 반하고 말았다. 최리왕은 호동왕자를 왕검성으로 초청한 다음 사위로 삼겠다고 마음을 먹었다. 그래서 최리왕은 호동왕자에게 자신의 딸인 낙랑공주를 소개시켰다. 호동왕자 역시 그녀에게 반해 아내로 맞아들이겠다고 결심했다.

낙랑국에 머물면서 호동왕자는 공주에게 온 마음이 쏠렸다. 여행을 마치고 고구려로 돌아온 호동왕자는 아버지 대무신왕에게 자신의 뜻을 말했다.

"아바마마! 낙랑공주를 아내로 맞이하고 싶습니다."

그러나 대무신왕은 아무 대답도 하지 않았다.

"아바마마, 왜 말씀이 없으십니까?"

대무신왕은 대답 대신 다른 말을 꺼냈다.

"결혼보다 낙랑국을 정벌해 우리의 옛 땅을 되찾는 것이 더 급한 일이다."

"아바마마의 뜻을 충분히 알겠습니다."

대무신왕은 호동왕자의 의중을 미리 파악한 다음 낙랑공주와의 혼인을 허락했다.

얼마 후 호동왕자는 낙랑공주를 아내로 맞이했고 서로가 행복한 나날을 보냈다. 그러나 아버지 대무신왕은 낙랑국을 정벌하기 위해 계획을 세우고 있었다.

이때 낙랑국에는 자명고라는 큰북이 있었다. 이 북은 적이 침략해 오면 저절로 울렸다. 그래서 고구려는 낙랑국을 정벌하기 위해서는 먼저 자명고를 제거해야만 했다. 이에 대무신왕은 호동왕자에게 자명고를 제거하라는 명을 내렸다.

호동은 부왕의 명을 거역할 수가 없어서 고민을 하다가 낙랑에게 사실을 말했다. 낙랑 역시 호동의 말을 듣지 않을 수가 없었다. 그래서 낙랑공주는 자진해서 나섰다.

"제가 친정으로 가서 자명고를 찢겠습니다."

말을 마친 낙랑공주는 남편을 위해 친정인 낙랑국으로 갔다. 그러자 최리왕은 딸을 반갑게 맞이하면서 고구려에 대해 물었다.

**호동왕자
(?~32년)**

고구려 3대 대무신왕의 맏아들. 대무신왕과 갈사왕의 손녀인 차비(次妃) 사이에서 태어났다. 32년, 낙랑태수 최리의 딸인 공주와 혼약을 맺은 후, 공주로 하여금 낙랑의 신비로운 기물, 자명고(自鳴鼓)를 찢게 하여 고구려는 낙랑을 기습 공격하였다. 그러나 호동이 태자가 될까봐 시기하던 원비의 무고로 부왕의 분노를 사서 자살했다.

삼국의 형성과 발전 45

"애야, 지금 고구려 정세는 어떠하더냐?"

"무슨 말씀이신지……요?"

"그쪽의 군대나 군사의 수를 묻는 것이다."

이 말을 들은 낙랑공주는 아버지 최리왕이 고구려 정복을 위해 정략적으로 자신을 시집보냈다는 것을 알았다. 그렇지만 낙랑은 사랑하는 남편의 나라를 위해 자명고를 찢어버렸다.

그 순간 고구려의 호동은 군사를 이끌고 낙랑국으로 쳐들어왔다. 하지만 낙랑국은 자명고가 울리지 않아 고구려 군사가 침략했다는 것을 까맣게 모르고 있었다.

"대왕, 큰일 났습니다. 고구려 군이 쳐들어왔습니다."

이 보고를 받은 최리왕은 자명고가 있는 곳으로 달려갔다. 그런데 자명고가 칼로 찢겨져 있었다. 이에 화가 난 최리왕은 딸인 낙랑을 참형시켰다.

이 사실을 보고받은 호동은 아내 낙랑을 안고 한없이 눈물을 흘렸다.

낙랑국을 정벌한 호동은 고구려로 돌아오자 그의 용맹성에 칭찬을 받았으나 공주의 죽음에 기쁨보다는 가슴이 더 아팠다.

이때 호동왕자의 세력이 확산되자 부왕의 왕비가 모함을 했다.

"폐하, 호동왕자가 대왕의 자리를 노리고 있습니다."

이 말을 들은 대무신왕은 호동을 의심하기 시작했다.

그러자 호동의 부하들이 부왕에게 억울한 사실을 고하라고 건의했지만, 믿었던 아버지에 대한 배신감과 낙랑공주를 죽게 만들었다는 자괴감으로 결국 스스로 자결하여 생을 마감하였다(32년).

▲ 전투 중인 고구려 철갑 기병(통구 12호분 벽화, 중국 지린 성 지안)

병사와 말 모두 철갑 옷으로 무장한 고구려 철갑 기병의 모습이 힘차 보인다.

한4군

기원전 108년 고조선을 무너뜨린 한나라는 낙랑, 진번, 임둔군, 현도군을 설치하였다. 한나라 군현을 설치하여 점령지를 직접 통치하고 고조선이 누렸던 중계 무역의 이익을 독차지하려고 했던 것이다. 그러나 고구려의 공격으로 한나라는 낙랑군만 빼고 나머지 군을 모두 잃고 말았다. 그러자 낙랑군은 계속 세력을 유지하면서 한반도의 북부뿐만 아니라, 남쪽의 삼한까지 분열의 기회를 노렸다.

그러나 고구려의 5부족이 계루부를 중심으로 통합되고 현도군 동쪽에 '책구루'가 설치되어 대외 창구가 일원화됨에 따라 그동안 고구려 여러 부족들과 외교 관계를 맺으며 고구려의 통합을 저지해 온 한나라의 분열책은 마침내 끝을 맺게 되었다.

계루부의 태조왕은 4부족을 통합하면서 부족 내부의 일은 스스로 결정하도록 허용했으나 외교권·무역권은 일괄적으로 처리했다. 그

한사군(漢四郡)

중국 한 무제(武帝)가 기원전 108년에 위만조선을 없애고, 그 옛 땅에 설치한 네 군. 청천강 이남 황해도 자비령 이북 땅에 낙랑군(樂浪郡), 자비령 이남 한강 이북 땅에 진번군(眞蕃郡), 함경남도 땅에 임둔군(臨屯郡), 동가강 곧 훈하 유역에 현도군(玄菟郡)의 네 군을 두었는데, 그 뒤 여러 차례의 폐합을 거듭하다가 미천왕 14년(313)에 낙랑군이, 광개토대왕 때 현도군이 고구려에 병합됨으로써 소멸되었다.

러자 이에 화가 난 한나라는 '책구루'를 설치하여 고구려가 가져갈 의복과 책을 그곳에 쌓아 두고 물자 교류를 하도록 조치했다.

또한 태조왕은 기마 병사를 앞세워 옥저를 공격했다. 이 전쟁의 승리로 고구려는 동으로는 동해안까지, 남으로는 청천강까지 영토를 확장하게 되었다.

뿐만 아니라 태조왕 이후 왕위를 세습하는 제도가 정착되었다.

한때는 왕위를 형제에게 물려주어 부족장의 세력을 꺾고 왕의 권위를 확고히 했으나 고국천왕에 이르러서는 행정구역을 정비하고 왕위를 형제 상속에서 부자 상속으로 바꿔어 더욱 강한 왕권을 행사하였다.

313년 미천왕 14년에 고구려는 드디어 낙랑군을 공격하여 중국 세력을 몰아내고 고조선의 옛 땅을 회복하였다. 이것으로 지난 4백 년간 한반도 중심부에 설치되어 있던 한4군은 완전히 소멸되었으며, 고구려는 국가 발전의 기틀을 마련하게 되었다.

책구루

한나라 때 북치고 피리 부는 재주꾼을 두었는데 언제나 현도군으로부터 조복과 의책을 받아갔다. 고구려가 그 명부를 주관하더니 나중에는 점차 교만하고 방자해져서 다시는 군에 나가지 아니하고 동쪽 경계에 작은 성을 쌓고 조복과 의책을 그 가운데 넣어두면 정초에 와서 가져갔다. 지금은 오랑캐들이 오히려 이 성에 이름을 붙여 책구루라 하는데 구루는 고구려말로 성이라는 뜻이다.

광개토대왕의 활약

광개토대왕은 고구려 고국양왕의 아들이며, 19대 임금으로 즉위했다. 광개토대왕은 적극적인 정복 사업으로 넓은 만주 땅을 차지하고 남으로는 한강 이북까지 진출하면서 고구려를 동북아시아에서 최고의 국가로 만들었다.

391년 18세로 왕위에 즉위하였을 때 고구려는 남북으로 침략을 받고 있었다. 특히 할아버지 고국원왕 때는 중국 전역에서 침략을 자주 받았다.

고국원왕 12년(342년)에는 연나라 왕 모용황이 5만 명의 군사를 이끌고 국내성에 침입했다. 그는 궁궐을 불태웠고 고국원왕 아버지 미천왕의 무덤에서 시신까지 꺼내갔다. 이와 함께 왕의 어머니와 고구려 백성 5만 명을 인질로 잡아갔다. 또, 고국원왕(41년) 371년에는 백제 근초고왕이 3만의 군사를 이끌고 평양성을 공격해 왔다. 이때 고국원왕은 전쟁터에서 전사했다.

그 뒤를 이은 고국양왕은 아들 담덕(광개토대왕)에게 이러한 이야기를 자주하면서 고구려의 현실을 깨닫게 해주었다. 담덕은 열심히 무술을 연마하고 병법을 연구하였다.

고국양왕이 세상을 떠나고 담덕은 391년 5월, 그의 나이 18세에 왕위에 올랐다.

▲ 광개토대왕릉비
광개토대왕의 아들 장수왕이 아버지의 업적을 기리면서 만든 비석

왕위에 오른 광개토대왕은 연호를 '영락'으로 사용해 고구려가 독립국가임을 선포했다. 이에 백성들은 광개토대왕을 '영락대왕' 또는 '호태왕'으로 불렀다.

호태왕은 말타기·활쏘기 등의 무술 대회를 열어 군사를 훈련시켰다. 그리고 평양에 9개의 절을 짓는 등 불교를 널리 전파하였으며, 태학의 문을 넓혀 인재 양성의 교육에도 힘썼다.

드디어 광개토대왕은 392년 7월, 4만 명을 이끌고 나가 하북의 백제성 10여 곳을 함락시켰는데, 이것은 고구려가 20년 만에 거둔 대승리였다. 같은 해 10월에는 20일 만에 백제 관미성을 함락시켜 백제 북방의 주요 요새까지 점령했다. 그 뒤 백제가 옛 영토를 찾고자 자주 침입했지만 격퇴시키면서 남쪽 국경선에 일곱 개의 성을 쌓았다.

395년 12월에는 기병 3천 명을 이끌고 송화강까지 진격해 북쪽 변방을 괴롭히던 비려를 정벌하였다. 귀국 후 백제의 아신왕이 공격해 오자 수군을 앞세워 남쪽으로 갔다.

396년 고구려군은 한강을 건너 백제의 서울 위례성을 포위하자 아신왕은 항복하고 말았다. 광개토대왕은 항복한 아신왕을 살려

삼국의 형성과 발전

주는 대신 그의 동생과 대신 10여 명을 볼모로 데리고 돌아왔다.

광개토대왕이 돌아가자 백제의 아신왕은 복수를 위해 가야와 왜에 구원을 요청하여 신라를 공격하게 하였다. 그러자 고구려와 동맹 관계를 맺고 있던 신라의 사신이 찾아와 왜구들이 쳐들어왔다며 구원을 요청했다.

이에 광개토대왕은 보병과 기병 등 5만 명을 신라에 보내 가야와 왜의 군사들을 무찔렀다. 이때 백제 아신왕은 고구려군이 신라에서 왜구를 전멸시켰다는 소문을 듣고는 후퇴했다.

그리고 404년에는 옛 대방군의 땅으로 진출한 백제와 왜의 연합군을 무너뜨렸다. 광개토대왕이 남쪽에 신경을 쓰는 동안 중국 후연의 모용희가 3만 명의 대군을 이끌고 내려와 고구려 북방 요새인 신성과 남소성을 함락시켰다.

광개토대왕은 이번 침략을 계기로 오래 전부터 꿈꿔왔던 후연을

소수림왕

고국원왕의 아들 소수림왕이 즉위하던 시기(371년)는 고구려가 남북으로 고된 시련을 겪고 있던 때였다. 그 당시 고구려는 북으로부터 전연(선비족), 남으로부터 백제의 침략을 받아 위아래로 공격을 받으면서 팽팽한 위기의식이 감돌았다.

이에 소수림왕은 위기 극복과 재도약을 위하여 활발한 외교 활동을 펼쳐 주변국과 팽팽하던 긴장 관계를 풀었으며, '태학'이란 교육 기관을 설치하여 실력을 고루 갖춘 인재를 키우는 데 힘을 쏟았다. 그리고 이 외에도 불교를 공인하였을 뿐만 아니라 율령을 반포하는 등 대대적인 개혁을 단행하였다.

소수림왕의 이 모든 개혁은 중앙의 권력을 강화하는 데 큰 역할을 하였으며, 이때부터 고구려의 국가 체제가 정비되기 시작하였다.

이 땅에서 몰아내고 영토를 넓히겠다고 결심했다.

402년, 마침내 광개토대왕은 6만 명의 군사를 이끌고 후연 정벌에 나섰다. 요하를 건너 숙군성을 향해 만주벌판으로 진군했다. 당시 숙군성에는 후연의 장수 모용귀가 있었으나 모용귀는 패하여 북문으로 달아났다.

숙군성이 함락되었다는 소식을 접한 후연의 다른 성주들은 겁을 먹고 달아나기에 급급했다. 이에 따라 고구려군은 현도성과 요동성까지 점령할 수 있었다.

또한 광개토대왕은 고구려 북쪽 동부여를 정벌하기로 했다. 그러자 동부여왕은 순순히 항복했고, 이런 여세를 몰아 숙신족(말갈)까지 정벌하면서 고구려는 만주의 넓은 땅을 차지하게 되었다.

광개토대왕이 413년 39세의 젊은 나이로 죽고, 왕자 거련이 고구려 20대 장수왕으로 즉위했다.

▲ 장군총

강력한 왕권의 장수왕

장수왕은 광개토대왕의 맏아들로서, 408년 태자로 세워졌다가 413년 10월 광개토대왕이 죽자 뒤를 이어 즉위했다. 79년간에 걸친 장수왕의 재위 기간은 고구려 역사상 가장 국력이 막강한 시기였다.

장수왕은 광개토대왕이 이룩해 놓은 업적을 바탕으로 대외적으로는 적극적인 외교를 추진하고 대내적으로는 왕권을 강화하는 데 힘을 기울였다. 그 결과 고구려는 북으로 부여성, 남으로는 남한강 유역, 서쪽으로는 요하, 동쪽으로는 훈춘에 이르기까지 광대한 영토를 차지하게 되었다.

▲ 충주 고구려비
장수왕의 업적이 기록된 비석으로 고구려의 남쪽 지방의 영역을 알 수 있다.

　장수왕은 중국이 남북조로 나뉘어 왕조의 교체가 빈번하던 국제정세속에서 다각적인 외교관계를 수립했다. 곧, 즉위하던 해 동진에 사신을 보내 외교관계를 수립하는 한편 남조의 여러 왕조와 계속 외교관계를 유지했다.

　435년에는 북중국의 북위에 사신을 파견했다. 그리고 436년 북위의 압박을 받고 있던 연나라의 풍홍의 피신을 돕고, 북위의 압송 요구를 거절했으며, 466년에는 북위의 혼인 요청을 거절하는 등 독자적인 입장을 견지하기도 했다.

　재위 기간 동안 대체로 북위와는 긴밀한 관계를 유지했으며, 특히 백제가 북위와의 관계를 강화하려 하자 매년 두 차례씩 사신을 보내어 견제했다.

　국내 정치에서 가장 주목되는 것은 427년에 이루어진 평양 천도였다. 영토가 확장됨에 따라 체제 정비의 필요성을 느껴 도읍을 국내성에서 평양성으로 옮긴 것이다. 이때 옮긴 곳이 지금의 평양시 동북쪽 대성산성이다.

　평양은 대동강 주변에 있어 토지가 비옥하며, 황해를 통한 중국 진출이 수월해 본격적으로 삼국통일을 전개할 수 있는 조건을 갖춘 곳이었다.

　그러자 이에 위협을 느낀 백제와 신라는 그 동안의 적대 관계를 청산하고 서로 동맹을 맺어 고구려에 대항하였다.

　475년, 장수왕은 3만 군사를 이끌고 백제의 북성을 공격, 7일 만에 함락시키고 한성을 포위하였다. 당황한 백제의 개로왕은 동맹국 신라에 원정을 요청했으나 답을 얻지 못한 채 수십 명의 기병을 거느리고 도망치다 아차성 아래에서 살해당했다.

　또한 장수왕은 468년 고구려의 간섭에서 벗어나려는 신라를 재차 정벌하여 중원에 척경비(중원 고구려비)를 세웠다. 이로써 고구려는 백제, 신라에 대한 우위를 확고히 굳혔다.

　백제 개로왕이 북위에 보낸 국서에는 장수왕이 귀족에 대한 대대적인 숙청을 단행한 사실도 나타난다. 수도가 넓은 평야지대에 자리잡게 됨에 따라 정치·문화·경제의 중심지로 기능을 하게 되었으며, 장수왕은 재위 연간에 강력한 왕권을 행사할 수 있었다.

　491년에 98세로 죽자, 북위의 효문제는 거기대장군 태부 요동군 개국공신 고구려왕(車騎大將軍太傅遼東郡開國功臣高句麗王)으로 추증하고 시호를 강(康)이라 했다

> 평양은 고조선 이래 역사, 문화의 중심지였으며, 대동강을 끼고 있어 경제적으로도 풍요로운 지역이었다. 장수왕은 평양 천도를 통해 국내성에 기반을 둔 귀족들의 세력을 약화시켜 왕권을 강화할 수 있었다. 또 평양을 기반으로 적극적인 남진 정책을 추진하였다.

 을지문덕과 살수대첩

　고구려 영양왕이 요서 지방을 먼저 공격하였다(598년). 이에 수나라의 문제(文帝)는 수륙군 30만 명을 동원하여 침략해왔으나 장마로 길이 막힌데다가 군량의 운반이 끊겨 군사들은 굶주림과 질병으로 막대한 손실만 입은 채 철수했다. 수군은 폭풍으로 인해 배가 난파되어 요하를 건너지도 못하였다(제1차 전쟁).

　그 후 양제(煬帝)가 즉위하여 또다시 고구려 원정 준비에 착수했고, 612년에는 113만 명에 달하는 수륙군을 직접 통솔하여 고구려 원정에 나섰다. 그러나 바닷길로 평양성 부근에 도착한 수군 4만 명은 고구려군에게 궤멸되었고, 요하를 건너 요동성을 포위한 육군이 고구려의 완강한 저항으로 교착상태에 빠지자 우중문과 우문술이 이끄는 별동대 30만 명이 평양성을 직접 공격했다.

　수나라군은 군량이 부족했음에도 불구하고 을지문덕의 유도작전에 말려 평양성 30리 밖까지 접근했으나 전의를 상실한 상태였다.

　두 나라 군사들은 요하를 사이에 두고 첫 번째 전투를 벌였다. 수

나라 양제는 공부상서 우문개에게 부교를 만들어 사용하게 했지만 실패했다. 하지만 수나라군은 이틀 만에 서쪽 언덕에서 부교를 완성해 요하를 건너 요동성을 에워싸고 공격했지만 성은 쉽게 함락되지 않았다.

계절이 바뀌어 여름이 되었지만 성 안은 꿈쩍도 하지 않았기 때문에 도리어 수나라 군사들은 사기가 떨어졌다. 그러자 양제는 하는 수 없이 요동성 서쪽에 위치한 육합성에 머물렀다.

한편 좌익위 대장군 내호아는 수군을 거느리고 패수로 쳐들어와 평양성을 위협했다. 이때 부총관 주법상이 자신의 작전을 건의했다.

"기다렸다가 뒤에서 오는 군사들과 함께 공격합시다."

그러나 내호아는 그의 말을 듣지 않고 싸우자고 고집만 부렸으며, 수나라 군사들은 공격을 시작했다. 그렇지만 고구려 군사들은 성 안의 빈 절에 숨어 있었고, 일부는 성 밖으로 나와 싸우는 척하다가 도망쳤다. 그러자 수나라 군사들은 성 안까지 고구려 군사들을 쫓아왔다가 물건을 약탈하기 위해 흩어졌다.

그때 숨어 있던 고구려 군사들의 일사불란한 공격으로 수나라 군사를 공격해 전멸시켰다. 그렇지만 내호아만은 간신히 목숨만 부지한 채 해포로 도망쳐 진을 친 후 싸울 생각을 못했다.

그때 좌익우 대장군 우문술은 부여도로 나오고, 우익우 대장군 우중문은 낙랑도로 나왔다. 그 밖의 수나라 군사들은 요동성을 돌아 압록강 부근으로 모였다.

이 무렵 을지문덕 장군은 깊은 생각에 잠겼다가 직접 동태를 살펴보기로 했다. 그러자 장수들은 한결같이 말렸다.

"직접 적의 통태를 살피러 적진에 가시는 것은 매우 위험한 일입

▲ 을지문덕 장군

고구려 영양왕(재위: 590년 ~ 618년) 때의 장군. 수나라의 제2차 침입을 물리친 장수로 유명. 612년 수나라 양제가 대규모 군대를 이끌고 고구려를 공격했는데 요동성에서 지지부진하자 별동대 30만 5천 명을 뽑아 고구려의 수도 평양성을 직공하였다. 별동대가 살수(薩水, 지금의 청천강)에서 강을 건널 때 습격하여 궤멸시켰다.

니다."

"걱정하지 마라. 나에게도 계략이 있다."

을지문덕 장군은 거짓 항복문서를 가지고 배를 타고 적진으로 향했다.

"을지문덕도 별수 없는 모양이군. 제 발로 항복하러 찾아오다니."

강기슭에 배를 정박한 을지문덕 장군은 적진으로 걸어갔다. 이때 수나라 군사들 모두 지쳐 있다는 것을 알았다. 우중문은 을지문덕 장군이 들어오는 것을 바라보고 있었다.

우중문은 이미 양제의 밀서를 가지고 있었다. 밀서에는 '만일, 고구려 왕이나 을지문덕이 오면 반드시 사로잡아야 한다' 라고 씌어 있었다. 을지문덕 장군은 우중문에게 거짓 항복문서를 꺼내 주었다.

그러자 우중문이 고함을 치며 을지문덕 장군을 체포하라고 명령했다. 그러자 장군은 여유롭게 웃으며 말했다.

"허어, 수나라가 이렇게 소인배인 줄은 몰랐소."

"소인배라고?"

"한 나라 사신이 항복문서를 가지고 왔는데 졸개 취급을 하고 있지 않소."

그러자 우중문은 을지문덕 장군을 체포하려고 다가온 군사들을 물리쳤다.

▲ 살수 대첩
(민족 기록화)

수나라 군사를 무찌르는 고구려의 을지문덕 장군.

"장군, 내가 너무 흥분했소. 그러니 돌아가서 당신 왕에게 조공 문제를 해결하고 다시 돌아오시오."

우중문은 얼떨결에 을지문덕 장군을 놓아 주었다. 그러자 을지문덕 장군은 재빨리 배를 타고 강 중간쯤 건너왔다. 그때서야 우중문은 양제의 밀서가 생각났다.

우중문은 급히 부하를 시켜 을지문덕 장군을 다시 불렀지만 못 들은 척하고 강을 건너왔다. 얼마 후 을지문덕 장군은 우중문에게 조롱의 시를 지어 보냈다.

삼국의 형성과 발전 55

'그대의 지혜로운 전술은 하늘에 닿았고,
교묘한 전략은 땅의 이치에 통달하였네,
전쟁에 승리한 공이 이미 높았으니,
만족하고 이제 그만 돌아가는 것이 어떻겠나.'

우중문은 을지문덕 장군의 시를 보고 분을 삭이지 못했다.
이때 우중술이 의견을 내놓았다.
"장군, 지금 군량미가 바닥났습니다. 지금 돌아가야 합니다."
"무슨 말을 하는 것이냐? 대군으로 작은 적을 이기지 못하고 돌아가면 무슨 낯으로 황제를 뵙겠나?"
이미 양제는 우중문의 주장에 찬성한 후 그를 총사령관으로 임명해 전군 통솔권을 주었다. 병권을 쥔 우중문은 압록강을 중심으로 고구려와의 전쟁이 다시 시작되었다. 이때 을지문덕 장군은 수나라 군사들을 지치고 굶주리게 하는 작전을 사용했다.
"모든 군량미를 평양성으로 속히 옮겨라!"
배가 고픈 수나라 군사들이 압록강을 건너 공격했지만 먹을 것이 없었다. 그러자 우중문은 군사들에게 평양성에는 먹을 것이 많다며 공격명령을 내렸다.
이에 고구려 군사들은 살수에서 일부러 패하며 달아났다. 더구나 작전상 천천히 퇴각하면서 평양성으로 돌아가 성문을 굳게 닫았다. 이에 수나라 군사들은 평양성을 겹겹이 에워쌌지만 너무 조용했다. 그러자 우문술은 또다시 을지문덕이 잔꾀를 쓴다고 생각했다.
우문술은 부하를 시켜 성문을 두드리게 했다. 그러자 성 안 쪽에서 이런 연락이 왔다.
'지금 항복문서를 꾸미고 모든 것을 정리할 테니 며칠 간 말미를 주시오.'
이 말에 우문술은 우쭐했지만 며칠이 지나도 성 안에서는 아무런

<small>수나라는 300년 동안이나 분열되어 있던 중국을 통일하고(581년) 동쪽으로 계속 힘을 뻗쳤다.
수나라는 짧은 기간에 중국 대륙을 통일했을 뿐만 아니라 주위의 작은 나라도 모두 정복할 만큼 강한 힘을 가진 나라였다.</small>

기별이 없었다. 화가 난 우문술은 또다시 부하에게 성문을 두드리게 했다. 그러자 성 안에서 연락이 왔다.

'지금 수나라 황제와 군사들을 위해 음식 준비를 하고 있소. 그런데 아직 술과 고기가 부족해 소를 잡고 있는 중이니 준비될 때까지 2, 3일만 더 기다려 주시오.'

우문술은 기뻐하며 군사들에게 알리자 굶주림에 지쳐 있던 군사들은 더욱 배가 고파졌다. 하지만 약속한 사흘이 지났지만 성 안에서는 아무런 기별도 없었다.

화가 난 우문술과 우중문은 성문으로 달려가 발로 걷어찼다. 그때 성루에서 을지문덕 장군이 내려다보자 우문술은 급히 몸을 피하면서 물었다.

"어째서 매번 약속을 어기는 것이오? 기다려달라고 한 날이 벌써 8일이나 되었소."

"대국 사람들은 그렇게 성질이 급하오? 조금만 참으시오."

"우리에게 항복하겠다고 약속하지 않았소."

"곧 항복할 테니 군사들을 모두 물리시오!"

"뭐? 지금까지 우리를 가지고 놀았단 말인가!"

이렇게 흥분했지만 수나라 군사들은 지치고 굶주려서 평양성을 공격할 힘도 없었다. 이에 우문술과 우중문은 후퇴하기 시작했다. 이때 고구려 군사들이 일제히 성 밖으로 나와 공격했다.

이에 놀란 수나라 군사들은 살수(청천강)까지 도망쳤지만 그곳에는 모든 다리가 끊어지고 배 한 척도 없었다. 이때 스님들이 바지를 걷어 올리고 강을 건너는 것을 본 수나라 군사들은 모두 강물에 뛰어들었다.

수나라 군사들이 강 한복판에 도착했을 때 강 위쪽에서 갑자기 거센 물결이 휘몰아치며 흘러내려 왔다. 을지문덕 장군이 군사들을 시켜 미리 물줄기를 막아놓았던 둑을 무너뜨리게 했던 것이다.

> **살수대첩**은 을지문덕의 세심한 관찰과 뛰어난 지혜, 그리고 이를 군사 작전으로 연결한 고구려군의 단결이 어우러져 이룬 결과였다.

삼국의 형성과 발전

이때 수장된 수나라 군사들은 모두 30만 명이었으며 살아서 돌아간 숫자는 2천 7백여 명이었다. 이것이 을지문덕 장군의 '살수대첩'이다(제2차 전쟁).

또 다시 수나라 양제는 613년, 성을 격파시킬 수 있는 신무기를 동원하여 고구려의 성을 하나씩 함락해 들어왔다. 그렇지만 요동성은 끄덕도 하지 않았다.

이에 수나라 양제는 흙푸대 백만 개를 만들어 토성을 쌓고 그 위에서 요동성을 마주하여 싸우도록 했다. 그러나 그마저도 토성이 무너져 실패를 했고, 마침 수나라에 내란이 일어났다는 소식이 전해져 군 진영은 큰 혼란에 빠졌다. 양제는 어쩔 수 없이 내란 수습을 위해 군대를 되돌릴 수밖에 없었고, 그 이후 수나라 양제는 고구려를 침략한 후유증으로 나라가 멸망했다.

> 고구려는 요동성이 함락되면서 위기를 맞았으나 안시성에서 군·민이 합심하여 60여 일간이나 당군에게 맞서 싸웠다.

안시성 싸움 — 양만춘

618년, 수나라가 고구려를 공격한 후 그 여파를 이기지 못하고 멸망하자 당나라가 들어서면서 고구려와 화친정책을 폈다. 그러나 당나라의 태종은 국력이 강해지자 또다시 고구려를 침략하고자 하였다.

이때 고구려는 연개소문이 대막리지가 되어 정권을 잡고 신라 당항성을 공격하고 있었다. 그러자 신라는 당나라에 구원을 요청했고 당 태종 이세민은 고구려를 칠 좋은 기회로 생각했다.

고구려는 이미 국경지방에 천리장성을 쌓아 침략에 대비하였다.

645년, 당 태종은 직접 군사를 이끌고 요하를 건너 요동성을 점령하고 요동의 최후 보루인 안시성을 공격했는데, 이때 안시성을 지키고 있던 장군은 양만춘이었다. 그는 군사들은 물론이고 성 안의 백성과 단결하여 용감하게 싸웠다. 이에 당 태종은 하루에 6, 7차례 공격을 했지만 끄떡도 없었다. 그러자 당 태종은 군사들에게 안시성 옆에 흙담(언덕)을 쌓으라고 지시했다.

그날 밤 양만춘 장군은 안시성 백성들과 일치단결하여 흙담을 완전히 허물어 버리라고 명령했다. 아침에 이것을 본 당 태종은 다시 흙담을 쌓도록 했다.

당나라 군사들은 두 달 동안 50만 명을 동원하여 성 옆에 흙을 쌓았다. 그 후 당 태종은 흙산 꼭대기에 올라가 성 안을 살펴보았다. 그러자 양만춘 장군은 또다시 명령하여 흙산을 파헤치게 했다.

당 태종은 다음 날 아침 흙산이 파헤쳐진 것을 보고 화가 나 안시성을 향해 소리쳤다.

"양만춘! 목숨을 부지하려면 빨리 항복하라!"

그 순간 안시성에서 화살이 당 태종의 갑옷에 꽂혔다.

"이세민! 포기하고 군사를 되돌리지 않으면 머리통을 뚫겠다!"

당 태종을 향해 양만춘 장군이 화살을 겨누자 겁이 난 당 태종은 진영으로 돌아와 어찌할 바를 몰라 했다. 당 태종은 할 수 없이 군사들에게 퇴각 명령을 내렸다.

당 태종이 퇴각할 때 고구려 군사들의 맹공이 시작되었다.

당 태종은 막대한 피해를 입고 돌아갔다. 그리고 그 후, 647년과 649년에 고구려를 두 번씩이나 침공했지만 모두 패하고 말았다.

고구려의 영토 확장 과정에서 가장 큰 역할을 한 것은 철갑으로 무장한 기병이었다. 고구려 고분 벽화를 통해 쉽게 확인할 수 있는데, 말에게까지 갑옷을 입혀 무장하였다고 하여 흔히 '개마무사'라고도 한다.

❖ 안시성

안시성은 삼국시대에 고구려와 당나라의 경계에 있던 산성으로 고구려의 토성(土城)이며, 안시성 전투가 일어난 곳으로 유명하다. 『삼국사기』지리지에 의하면 안시성의 원이름을 '안촌홀(安寸忽)'이라고 하였다. 소재지에 대해서는 종래 의견이 분분하지만 중국의 랴오닝성 하이청 시 남동쪽에 있는 영성자(英城子)에 위치해 있었다고 추정하는 견해가 가장 유력하다.

바보온달과 평강공주

고구려 25대 평원왕 때 평양성 주변의 산 속에 나무꾼 바보온달

> 평강공주는 온달에게 글을 가르치고 무술을 연마하게 하여 장군이 되게 하였다. 온달장군은 아차산성에서 신라군과 싸우다가 전사하였다.

이 장님인 늙은 어머니와 함께 살고 있었다. 그는 남루한 옷차림에 나뭇짐을 팔아 어머니를 봉양하였다.

평원왕의 슬하에는 왕자와 어린 평강공주가 있었다. 그런데 평강공주는 걸핏하면 울었기 때문에 별명이 울보였다. 더구나 고집이 너무 세서 한번 울면 울음을 그치지 않았다. 이에 평원왕은 공주가 울 때마다 이렇게 말했다.

"자꾸 울면 바보온달에게 시집보낸다."

평원왕은 공주의 울음을 그치게 하려고 늘 이렇게 놀렸다.

마침내 공주가 어른이 되었을 때 왕이 다른 사람에게 시집보내려고 하자 공주가 단호하게 말했다.

"아바마마께서는 저에게 늘 온달에게 시집가라고 하시고는 어찌하여 지금 다른 사람에게 시집보내려고 하십니까?"

"그것은 너의 울음을 그치게 하기 위해 해 본 소리였다."

"아바마마, 소녀는 바보온달이 아니면 결혼을 하지 않겠습니다."

이 말을 들은 왕은 노발대발하여 공주를 내쫓았다.

쫓겨난 공주는 온달의 집을 찾아가서 결혼을 청하였다. 온달과 눈먼 어머니는 어찌할 바를 몰라 했다. 귀하신 공주님과 결혼한다는 것은 생각도 할 수 없는 일이었기 때문이다. 공주는 끝내 고집을 꺾지 않았고, 온달과 결혼하였다.

그 후, 평강공주는 온달에게 글과 무술을 가르치기 시작했다. 이 때 조정은 매년 3월 3일이 되면 낙랑에서 사냥 대회를 열었는데 온달이 우승을 했다. 그러자 평원왕은 온달에게 물었다.

"이름이 무엇이냐?"

"온달이라고 하옵니다."

"뭐? 온달이라고! 그럼 네가 그 바보온달이란 말이냐?"

"그렇습니다. 제가 바보온달입니다. 평강공주님이 가르쳐 준 무술을 익혀 출전한 것입니다."

왕은 온달과 평강공주를 반갑게 맞아 혼인잔치를 성대히 베풀어 주었다.

그 후, 중국 후한의 무제가 침략해 왔다. 그러자 온달이 선봉장이 되어 적을 무찔렀고, 그 공을 인정받아 대형이란 작위를 받아 고구려의 1급 명장이 되었다.

그러나 온달 장군은 신라에게 빼앗겼던 한강 이북의 땅을 회복하기 위해 아차산성에서 신라군과 싸우다가 전사했다. 전사한 온달 장군의 관을 옮기려고 했지만 꿈쩍도 하지 않았다. 이때 평강공주가 울면서 관을 어루만지자 움직였다.

온달장군과 평강공주는 꾸며낸 이야기가 아니고 역사 속에서 존재했던 실제 인물이다. 평원왕은 평민 세력의 불만을 달래주려고 온달과 공주를 결혼시킨 것이다. 온달의 출세를 시기한 명문 귀족들은 빈정거렸지만 일반 백성들은 온달과 평강공주의 사랑을 부러워하며 두고두고 이야깃거리로 삼았다.

▲ 온달 산성

삼국 시대 산성으로 지금은 성벽과 문터, 우물터 등의 시설이 남아 있다.

대막리지 연개소문

수나라가 망하고 그 뒤를 이은 당나라는 고구려와의 화친 정책을 펼쳤다. 그러나 당나라의 태종은 나라가 안정되고 국력이 강해지자, 또 다시 고구려 침략의 기회를 엿보고 있을 무렵 연개소문이 권력을 잡고 있었다.

642년(영류왕 25), 그는 천리장성 축조를 감독하는 임무를 맡았는데, 귀족들이 영류왕과 비밀리에 의논하여 연개소문을 죽이고자 했다. 그러나 이를 먼저 간파한 연개소문은 동부의 군사를 모아 사열하는 체하며 귀족들을 초청한 뒤 급습하여 죽였다. 그리고 궁궐로 쳐들어가서 영류왕을 살해하고 왕의 조카인 장(보장왕)을 왕으로 옹립한 뒤 자신은 대막리지가 되었다.

이 정변에서 죽은 자가 100여 명에 달했다고 하니 귀족들에 대한 대대적인 숙청이 단행되었음을 알 수 있다. 정치·군사적 실권을 장악한 그는 다섯 개의 칼을 차고 다니며, 외출할 때는 의장대를 앞세우고 대단한 위엄을 부렸다.

그러나 안시성(安市城) 성주인 양만춘이 그에게 굴복하지 않자 연개소문이 군사를 내어 성을 쳤으나 패하여 성주의 지위를 인정할 수밖에 없었다.

당시 동아시아의 정세는 매우 긴박했다. 수나라에 이어 중국의 통일 왕조로 등장한 당나라가 세력을 강화하여 고창국과 돌궐을 멸망시키고 서서히 동쪽으로 그 세력을 뻗쳐 오고 있었다.

고구려에서 천리장성을 쌓은 것도 이에 대한 대비책이었다. 또 남쪽에서는 백제와 신라의 충돌이 격화되면서 신라는 당과 적극적인 연합을 모색하고 있었다.

이러한 때 정권을 잡은 연개소문은 실질적인 통치자로서 권력을 강화시켜 나갔다. 자신의 지위를 태대대로 높이고, 자신의 아들들에게도 고위 관직을 주었다.

그때, 백제의 공격으로 대야성(합천)이 함락되어 위기를 느낀 신라의 김춘추가 직접 고구려를 방문하여 협상을 시도했으나 이를 거부했고, 당에서 사농승 상리현장을 사신으로 보내 신라에 대한 공격을 그칠 것을 요구했으나 신라에게 빼앗긴 고구려의 영토 500리를 회복하기 전에는 전쟁을 그만둘 수 없다는 입장을 고수했다.

당나라 태종은 다시 사신 장엄을 보냈으나, 연개소문은 그를 가두어 버렸다. 이에 당 태종은 644년(보장왕 3)에 연개소문의 시역을 성토한다는 명분을 걸고 군사를 내어 직접 고구려 침략에 나섰다.

> 백제의 공격으로 신라의 대야성이 함락될 때 김춘추의 딸과 사위가 죽임을 당하였다. 이에 김춘추는 신라의 위기를 극복하기 위해 고구려를 찾아갔으나 오히려 옥에 갇히고 말았다.

▲ 현무도(강서큰무덤)

고구려의 장군 고연수와 고혜진이 고구려군과 말갈군으로 구성된 15만의 구원군을 이끌고 출전했으나 안시성 동남쪽에서 대패하고 말았다.

당은 요동 지방에 있는 고구려의 일부 성을 함락시키고 안시성을 포위했다. 당나라 군사는 필사적으로 안시성을 공격했으나 안시성의 완강한 저항으로 함락에 실패하여 철수할 수밖에 없었다.

당에서는 이후에도 몇 차례 군사를 파견하여 고구려를 공격했으나 성과가 없었다. 당 태종이 철수하면서 연개소문에게 활과 의복을 보냈으나 그는 이를 받고도 사례하지 않았으며, 이후 비록 당에 사신을 보내 글을 올렸지만 정중하지 않았다고 한다.

그는 강력한 권력을 배경으로 수년에 걸쳐 계속되는 당과의 투쟁을 계속하면서 신라에 대해서도 공세를 멈추지 않았다.

그러던 중 신라와 당이 연합하여 백제를 멸망시킨 뒤, 661년 다시 고구려를 침략해 소정방이 이끄는 군대가 평양성 부근까지 접근하기도 했다.

이때 그는 아들 남생을 압록강에 보내 당나라군이 건너지 못하도록 막았으나 강이 얼자 건너온 당나라군에게 고구려군이 패하여 남생은 겨우 몸을 피했다.

이듬해 방효태가 이끄는 당나라군이 다시 침입하자 연개소문은 직접 사수 언덕에서 접전을 벌여 적군을 몰살시켰다. 그러나 그의 대외 강경정책은 고구려의 국력을 소모시켰을 뿐이었다.

결국 665년에 연개소문이 죽자 곧 장남 남생과 남건, 남산 등의 아들들 사이에서 불화가 생겼다. 남생은 당에 투항했고, 그의 동생 연정토도 12개의 성(城)을 바쳐 신라에 투항하였다.

나·당 연합군은 연개소문이 죽은 후 권력 쟁탈전으로 국론이 분열되어 있던 고구려를 멸망시켰다(668년).

▲ 고구려 말탄 무사
(쌍영총 벽화)

고구려의 최후

보장왕 25(665)년 연개소문이 죽고 그의 맏아들 연남생이 부친을 대신하여 막리지가 되었다. 연남생은 아버지 연개소문의 대를 이어 대권을 장악한 뒤, 지방의 여러 성을 순시하였다. 이 틈을 타서 동생 연남산과 연남건이 정변을 일으켜 수도를 장악하였다.

그리고 연남생의 아들 연헌충을 죽이고 왕명을 빌려 형, 연남생을 소환하자, 연남생은 국내성으로 달아났다.

666년 6월, 마침내 당 고종이 좌효위 대장군 계필하력으로 하여금 군사를 거느리고 나가 연남생을 맞이하게 하였다. 연남생은 이에 고질, 고현, 책성 도독 이타인, 고족유 등 국내성의 귀족들 및 부하들을 데리고 당나라에 투항하고 말았다.

한편 고구려에서는 666년 8월, 보장왕이 연남건을 대막리지로 삼아 내외의 군사에 대한 직무를 겸직하도록 하였다.

666년 12월, 고구려가 형제간 내부 권력투쟁이 발생하는 동안 연개소문의 동생이자, 연남생, 남건 형제의 숙부인 대신 연정토가 고구려 남쪽의 12성, 7백여 호, 3천여 명을 데리고 신라에 투항해 버렸다.

기회를 노리고 있던 당나라는 이적을 장군으로 하여 고구려 요동의 여러 성을 빼앗고, 서쪽 변경의 요충지인 '신성'을 함락하고, 그 이듬해에 유인궤·설인귀 등과 함께 평양성을 공격하였다.

패배를 인정한 보장왕은 막리지 남산에게 백기를 들고 가 이적에게 항복하도록 했다. 그러나 삼형제 중 막내인 남건은 보장왕의 항복 결정에 따르지 않고 성에 남아 항전을 계속했다.

그러던 중 남산의 부하였던 승려 도선이 당나라와 내통하여 자신의 안전을 보장받은 후 성문을 열어 주었다. 성문이 열리자 물밀듯 당군이 밀어닥치고 평양성은 마침내 함락당하고 말았다. 668년 9월 21일의 일이었다.

　당나라는 무너뜨린 고구려의 왕을 비롯하여 대신들과 백성들을 당나라로 데려갔을 뿐만 아니라, 점령지에는 도독부를 설치하고, 평양에는 도독부를 총괄하는 안동도호부를 두었다.

고구려의 건국과 발전 : 주몽(동명성왕)이 졸본 땅에 건국	
시 기	업 적 및 발 전 내 용
태조왕	중앙집권 국가의 모습을 갖추었음.
고국천왕	행정구역을 정비하고 왕위를 부자상속으로 함.
미천왕	낙랑군을 공격하여 중국 세력을 몰아내고, 고조선의 옛 땅을 회복하였음.
소수림왕	불교를 받아들이고 교육기관인 태학을 세워 인재를 길렀음.
광개토대왕	적극적인 정복 사업으로 북으로는 만주의 대부분을 차지하고, 남으로 한강 이북까지 진출함.
장수왕	남하정책, 평양으로 수도를 옮기고 남한강 상류 지역까지 차지함.

삼국의 형성과 발전

2 백제

백제의 건국과 발전

고구려를 건국한 주몽은 비류국의 공주 소서노와 혼인해 비류와 온조, 두 아들을 두었다. 그런데 주몽에게는 부여에서 도망칠 때 임신을 한 아내가 있었다. 그 아내가 아이를 낳고, 아이의 이름을 유리라 하였는데, 그 아들이 아버지 주몽을 만나러 고구려로 찾아왔다. 고구려를 건국한 지 19년이 흐른 뒤였다.

주몽은 기뻐하며 유리를 태자로 책봉하였다. 이에 불안을 느낀 비류와 온조는 고구려를 떠나 남쪽으로 내려갔다.

온조는 졸본 지역을 출발하여 함흥으로 이르는 교통로를 따라 남하하여 다시 한강 상류를 타고 위례 지역에 정착하였다. 그러나 함께 내려온 비류는 위례성이 마땅치 않다며 서쪽 미추홀로 가 도읍을 정했다.

원래 한강 유역에는 '진국'이라는 나라가 있었는데, 고조선의 유이민에 의해 무너지고, 경상도 지역으로 옮겨 가 '진한'을 세웠다.

온조는 그 한강 유역의 진국 토착민과 고조선 유이민을 통합해 나라를 세웠다. 그리고 한강 북쪽 위례성에 도읍을 정했다.
　한편 비류를 따라 서쪽으로 간 사람들은 그곳의 물이 짜고 물이 너무 많아 정착하기에 부적합하자, 다시 위례성으로 되돌아왔다. 그러자 이를 비관한 비류는 스스로 목숨을 끊고 말았다.
　위례성에 도읍을 정한 온조는 신하 열 명의 도움으로 나라를 세웠다 하여 나라 이름을 '십제'라 하였다. 그 후 한강 유역을 확대해 나갔다. 그리고 성장한 국력에 걸맞게 나라 이름도 '십제'에서 '백제'로 바꾸었다.

　백제는 북방에서 내려온 유이민과 한강 유역의 토착민, 마한의 한 소국으로부터 출발하였다. 고구려 주몽의 아들 온조가 남하하여 하남 위례성(서울)에 도읍을 정하고 나라를 세웠다(B.C. 18년).
　한강 유역의 백제는 마한을 대신하는 새로운 정치 세력을 중심으

백제 왕조의 계보

1대 온조왕	2대 다루왕	3대 기루왕	4대 개루왕	5대 초고왕	6대 구수왕	7대 사반왕	8대 고이왕	9대 책계왕
BC18~28	28~77	77~128	128~166	166~214	214~234	234	234~286	286~298
10대 분서왕	11대 비류왕	12대 계왕	13대 근초고왕	14대 근구수왕	15대 침류왕	16대 진사왕	17대 아신왕	18대 전지왕
298~304	304~344	344~346	346~375	375~384	384~385	385~392	392~405	405~420
19대 구이신왕	20대 비유왕	21대 개로왕	22대 문주왕	23대 삼근왕	24대 동성왕	25대 무령왕	26대 성왕	27대 위덕왕
420~427	427~455	455~475	475~477	477~479	479~501	501~523	523~554	554~598
28대 혜왕	29대 법왕	30대 무왕	31대 의자왕					
598~599	599~600	600~641	641~660					

로 발전하여, 한나라 군현 세력이 뻗어오자 한강 유역의 소국과 연맹하여 이를 물리쳤다. 그리고 3세기 중엽 고이왕 때에 이르러, 백제는 확대된 영토와 통치 조직을 갖춤으로써 중앙집권 국가로서의 기틀을 잡았다.

이때의 백제는 한강 유역을 완전히 장악하고 율령을 반포하였다. 또한 새로운 관제를 마련하고, 관리의 복색을 제정하는 등 지배 체제를 정비하였다. 이러한 정치적 개혁 작업은 왕권이 강화되고 중앙집권 체제가 진전되었음을 의미하는 것이다.

그 후 백제는 4세기 후반 근초고왕 때 전성기를 이룩하였다. 근초고왕은 부자 상속의 왕위 계승을 이루었으며, 마한의 잔여 세력을 정복하고 전라도 남해안에 이르렀다. 북으로는 고구려의 평양성을 공격하였는데 그때 고구려의 고국원왕이 전사하였다.

또한, 낙동강 유역의 가야 여러 나라에 대해서도 지배권을 행사하였다. 그리하여 백제는 오늘의 경기, 충청, 전라도와 낙동강 중류 지역, 강원, 황해도의 일부를 포함하는 넓은 영토를 확보하였다.

그리고 백제는 수군을 증가시켜 중국의 요서 지방으로 진출하였고, 이어서 산둥 반도와 일본의 규수 지방에까지 진출하는 등 활발한 대외활동을 벌였다. 이어 침류왕은 불교를 공인하여 사상적으로 왕권 강화를 합리화하였다.

전성기의 백제는 한강 유역을 지배하였지만 또, 그 지역에 대한 방어를 위하여 국력을 많이 소모하고 있었다.

5세기 후반, 백제는 고구려의 남진 정책에 큰 타격을 받아 그 중심 지역인 한강 유역을 빼앗기고 말았다. 이로 인하여 백제는 신라와 '나제 동맹'을 체결하는 한편, 도읍을 한성에서 금강 유역의 웅

❖ **한강 유역의 중요성**

한강은 한반도의 중심에 위치하여 여러 지역의 문화가 합쳐지고 농경에 적합하여 많은 인구와 물자가 모이며, 바다를 통해 중국과 교류하기에 적합하였다.

▲ 신라 단양 적성비

신라 진흥왕 때에 고구려가 차지하고 있던 남한강 상류의 단양 적성을 빼앗고 난 후, 그 지역의 백성을 위로할 목적으로 세운 비

진(공주)으로 옮겼다(475년).

웅진 천도 이후 국력의 쇠퇴와 더불어 정치적 불안이 안정되고 국력이 다시 회복된 것은 동성왕에서 무령왕에 이르렀을 때였다.

그러나 백제가 새로운 발전의 터전을 마련하기 위해서는 보다 넓은 곳에 새 수도를 건설할 필요가 있었다. 그리하여 다음의 성왕은 다시 수도를 사비(부여)로 천도하고 국호를 남부여로 바꾸어 백제의 중흥을 꾀하였다. 또한 신라와 연합하여 일시적으로 한강 유역을 수복하였으나 곧 신라에 한강 유역을 빼앗겼다. 이로 인해 120년간이나 지속되던 양국의 동맹 관계는 깨어졌다.

한강 유역을 차지한 신라는 적극적인 대당 외교를 추진하여 당나라와 손을 잡았다. '나·당 연합군'은 먼저 백제를 공격하였다. 김유신이 이끈 신라군은 탄현을 넘어 황산벌에서 백제 계백의 결사대를 격파하고 사비성에 진출하였으며, 소정방이 이끄는 당군은 금강 하구로 침입하였다.

한때 신라를 크게 위협하였던 백제는 의자왕의 실정으로 정치가 문란해지고, 내부적 결속력을 상실한 채 지배층의 분열과 향락 생활이 지속되면서 멸망했다(660년).

백제가 멸망한 후, 복신과 승려 도침, 흑치상지 등이 일본에 망명해 있던 왕족 풍을 받들어 백제 부흥 운동을 벌였지만, 나·당 연합군에 의하여 실패하였다. 백제 부흥군을 지원하던 왜군도 백강 입구에서 패하여 쫓겨 갔다.

나·당 연합군은 연개소문이 죽은 후 권력 쟁탈전으로 국론이 분열되어 있던 고구려까지 멸망시켰다(668년).

이후 검모잠 등이 왕족인 안승을 고구려 왕으로 추대하여 한성(재령)을 근거지로 고구려 부흥운동을 벌였지만 그도 지배층의 분열로 실패하였다.

한편, 당나라는 고구려 멸망 이후 한반도 전체를 지배하기 위해

> ❖ **담로(擔魯)**
>
> 백제 지방 행정 구역의 하나. 왕자나 왕족을 보내어 다스리게 한 행정 구역으로 일종의 봉건제의 성격을 띰. 백제 초기에는 22담로를 두었으나, 시대와 지역의 대소에 따라 수효의 변천이 있었음.

▲ **북한산 신라 진흥왕 순수비**
신라의 진흥왕이 한강 유역을 살피며 세운 기념비

백제 지역에 웅진 도독부(都督府, 최고 군사 행정기구), 고구려 지역에 안동 도호부(都護府, 군사적 성격의 행정기구), 신라 지역에 계림 도독부를 설치하였다. 이에 신라는 고구려, 백제의 유민들과 함께 매소성에서 당나라의 육군을 격파하고, 금강 하구 기벌포에서 당나라의 수군을 격파하면서 당의 세력을 몰아내고 삼국통일을 완성하였다(676년).

▲ 금제 관 장식
금판을 오려 꽃 모양으로 만들어 왕관을 장식하는 데 사용하였다.

시 기	업적 및 발전내용
고이왕	여러 세력을 통합하고 안으로는 제도를 정비하여 중앙집권 국가의 모습을 갖춤. 한강 유역을 장악하고 중국의 선진문물을 수용함. 정치체제 정비(관등제와 관복제 마련)하였음.
근초고왕	북으로는 이북까지 진출하였고, 남으로는 마한을 통합하여 영토를 남해안까지 넓힘. 중국의 요서지방과 산둥 지방까지 진출, 일본의 규수 지방에도 진출하였음. 왕권의 전제화, 왕위의 부자 상속. 아직기·왕인 등이 일본에 문화를 전해 줌(천자문, 유교 경전 등).
침류왕	불교 공인 ⇒ 중앙 집권 체제를 사상적으로 뒷받침함.
동성왕	신라와 동맹 강화, 고구려에 대항함.
무령왕	왕족을 파견하여 왕권을 강화(지방의 22담로에 왕족 파견) ⇒ 백제 중흥의 발판을 마련했음.
성왕 (523~554)	수도를 웅진(공주)에서 사비(부여)로 옮기고(538년), 국호를 남부여로 개칭. 체제 정비, 중국 남조와 교류, 일본에 불교를 전파하였음. 한강 유역을 일시 회복 ⇒ 관산성 전투에서 신라에 상실. 불교를 일본에 전해 줌.
※ 한강 유역에서 일어난 백제는 넓은 평야를 영토로 가지고 있었고, 황해를 통해 중국과 교류할 수 있었기 때문에 삼국 중심에서 가장 먼저 전성기를 맞이하였음.	

백제의 탄생

고구려의 주몽이 졸본부여의 둘째딸 소서노와 결혼하여 두 아들을 낳았는데, 큰아들은 비류이고 작은아들은 온조였다.

백제의 탄생은 주몽이 소서노와 결혼하여 두 형제를 낳은 뒤 갑자기 유리가 찾아와 태자로 책봉되면서 시작되었다.

유리가 태자가 되자 비류와 온조는 어머니 소서노와 함께 고구려를 떠나기로 마음먹었다. 비류와 온조는 오간과 마려 등 10여 명의 신하를 비롯해 자신을 따르는 백성들을 데리고 남쪽으로 내려갔다.

한강 유역에 도착한 비류와 온조는 언덕에 올라가 지형을 살폈다. 이때 신하들은 하남 땅이 도읍지로 좋다고 했다. 하남 위례성은 오늘날 서울에 있는 몽촌토성이다.

그러나 비류는 마음에 들지 않는다며 자신을 따르는 무리와 함께 미주홀에 정착해 도읍했다. 미주홀은 지금의 인천 지역이다.

온조는 기원전 18년에 하남 위례성에 도읍을 정하고 나라 이름을 '십제(열 명의 제후)'라고 정했다.

이때 비류와 함께 미추홀로 간 백성들은 토지에 물기가 많고 물맛이 짜 다시 위례성 온조에게 되돌아왔다. 이에 비류는 자신의 선택이 잘못된 것을 후회하다가 스스로 죽었다.

그 후 온조는 나라 이름을 십제에서 '백제'로 고쳤는데, 백제란 백성들이 즐겨 따랐다고 해서 지어진 이름이다. 또한 백제는 고구려와 함께 부여에서 나왔기 때문에 성 이름조차 부여라고 했다.

▲ 청동자루솥
(서울 풍납토성)
지름 20.8cm

한수 유역에 자리잡은 백제의 온조왕은 세력을 점차적으로 키워

삼국의 형성과 발전 71

나갔다. 그의 뒤를 이어, 2대 다루왕에서 6대 구수왕 등이 차례로 영토를 넓혔다.

그 후 8대 고이왕 때부터 나라의 기틀을 갖춰가기 시작했다.

백제의 왕들은 붉고 큰 소매의 곤룡포를 입었으며 머리엔 황금색 꽃으로 장식한 비단 관을 썼다. 9대 책계왕이 중국 한나라가 옛 고조선 땅에 설치한 대방군 태수의 딸 보과를 왕비로 맞은 지 얼마 후 고구려 13대 서천왕이 대방군을 공격했다. 그러자 대방군은 사위 나라인 백제에 원병을 요청했다. 이로 인해 백제와 고구려는 멸망할 때까지 원수지간이 되었다.

고구려는 백제가 낙랑군을 넘본다는 구실을 내세워 침략해 책계왕을 죽였다.

298년 책계왕의 뒤를 이은 10대 분서왕이 복수의 칼을 갈았지만 304년 분서왕 역시 낙랑의 자객에게 암살당하고 말았다.

분서왕이 죽자 구수왕의 둘째아들 비류가 11대 왕으로 등극하였다. 분서왕의 적자가 왕위를 계승하지 못한 이유는 나이가 너무 어렸기 때문이다. 그렇지만 비류왕 다음으로 분서왕의 아들이 12대 계왕으로 즉위했다.

그러나 346년 계왕은 즉위 3년 만에 죽고 비류왕의 둘째아들이 13대 근초고왕으로 즉위했다. 근초고왕은 고구려에 대한 복수로 군사력을 키워 3만 명의 대군을 이끌고 고구려를 공격했다.

백제군과 고구려군은 패수를 사이에 두고 맞섰다. 이때 근초고왕의 태자가 선봉에 서서 공격 명령을 내리자 백제군은 고구려군 진영으로 화살을 퍼부었다. 그런 다음 군사들이 돌격하여 창과 칼을 휘두르자 고구려군은 추풍낙엽처럼 쓰러졌다.

이때 고구려는 고국원왕이 친히 싸움터에 나왔다가 백제군의 화살을 맞고 말에서 떨어졌다. 그러자 근초고왕의 태자가 고국원왕을 사로잡기 위해 돌진했지만 막고해 장군이 말고삐를 잡았다.

> **백제**는 4세기 근초고왕 때 전성기를 맞이하였다. 근초고왕은 부자 상속의 왕위 계승을 이루었으며, 마한의 잔여 세력을 정복하고 평양성을 공격하여 이때 고구려의 고국원왕이 전사하였다.

"장군, 왜 그러십니까?"

"저하, 고구려왕은 이미 죽었습니다."

"그래? 그렇다면 이참에 고구려를 아주 멸해야 되지 않겠는가?"

"저하, 참으십시오. 옛말에도 만족함을 알면 욕이 되지 않고, 그칠 줄 알면 위태로움이 없다고 했습니다."

하여 백제군은 다시금 전열을 가다듬었다.

고이왕과 근초고왕

마한을 이끌어 온 목지국의 세력이 점점 약해졌을 뿐만 아니라 247년 대방군을 공격한 전쟁에서 패하자, 세력이 더욱 급격히 기울었다.

이 틈을 타 고이왕(18대)은 목지국을 점령했다. 그 후 고이왕은 '좌평'을 신설하고, 262년 '금령'을 내리는 등 국왕의 권위를 더욱 강화시켜 나갔다.

▲ 청동 거울

좌평은 지배 귀족들이 참여하여 국사를 의논하는 기구인 '남당' 회의에서 주재자 역할을 했다.

그 이전에 '좌장'이라는 관직을 둔 것을 보아도 고이왕의 왕권 강화에 대한 노력이 남달랐음을 알 수 있다. 하여 좌장은 연맹체의 군사통제권을 행사하는 관직으로, 각 부족의 권한을 축소시키고 그들을 통제하였다.

▲ 악귀를 쫓고 죽은 자를 지키는 석수

이 밖에도 고이왕 29년에 발표한 금령은 '관리로서 재물을 받은 자와 도적질한 자에게는 범죄 행위를 통해 얻은 재물의 세 배를 거두어들이고, 종신토록 금고형에 처하여 평생 벼슬에 쓰지 않는다'는 내용으로, 이 또한 왕권 강화를 위한 조치였다.

삼국의 형성과 발전 73

백제의 박사 왕인이 『논어』와 『천자문』 책을 가지고 일본에 건너가 경학을 전수하였다. 이로써 일본은 문자가 세련되고 유교 사상이 도입되었다.

371년 군사 3만을 거느리고 고구려에 침입한 근초고왕(13대)은 평양성을 공격하여 고구려의 고국원왕을 전사시키는 큰 공을 거두었다. 이 전쟁의 승리로 백제는 황해도 지역은 물론 황해 해상권까지 장악하게 되었다.

고구려 원정이 있기 전, 백제는 이미 남쪽으로는 마한의 남은 지역을 정벌하고, 낙동강 유역의 가야에도 세력을 뻗쳤다. 이로써 백제는 역사상 최대의 영토를 차지하게 되었다.

백제는 당시 무역 중계자인 가야를 세력권 안에 두고 있었으며, 일본 열도에도 세력을 뻗치고 있었기 때문에 쉽게 해상 무역권을 차지할 수 있었다.

그런가 하면 왜왕의 요구에 따라 박사 왕인이 『논어』와 『천자문』을 가지고 왜에 건너가 경학을 전수하였다. 이로써 왜는 문자가 세련되어지고 유교 사상이 도입되기 시작하였다.

왕인 이전에도 '아직기'가 왜의 쇼토쿠 태자의 스승으로 있었다.

또한 근초고왕은 박사 고흥에게 백제 역사서 『서기』를 편찬하도록 하였는데, 이것은 왕의 권위를 높이고, 자신의 업적을 알리기 위함이었다.

▲ 무령왕릉 내부

 백제의 흥망성쇠

475년 고구려의 공격으로 백제의 도읍 한성이 포위당하자, 개로왕(21대)은 왕자 문주를 신라에 보내어 원군을 청하였다.

그 사이 지레 겁을 먹고 성문을 굳게 닫아걸고 원군을 기다리던 개로왕은 고구려의 강한 공격을 이기지 못한 백성의 대부분이 고구려군에 항복하자, 수십 명의 기병을 거느리고 도망쳤다. 그러나 얼마 가지 못하여 아차성 아래에서 피살되었다.

개로왕의 뒤를 이은 문주왕(22대)은 산성으로 둘러싸인 천혜의 요소 웅진으로 도읍을 옮겼다. 그러나 천도 후 귀족들이 세력을 얻어 반란을 일으키는가 하면, 밖으로는 전쟁이 끊이지 않았다. 그리하여 왕의 권한은 점점 약해져 갔고, 황해의 해상권마저 고구려에 빼앗기고 말았다. 게다가 가야에 대한 영향력마저 상실하게 되고 말았다. 그러다 마침내 병관좌평 해구의 반란으로 문주왕이 피살되자, 백제는 극도의 혼란기에 접어들었다.

고구려의 계속된 공격을 백제와 신라는 동맹을 맺어 함께 물리치기로 하였다.

▲ 백제 금동 대향로

479년 3월, 고구려가 말갈과 연합하여 신라 북변을 공격해 7개 성을 점령하고 계속 진군하자, 백제는 가야의 구원병과 함께 이를 저지하고 도망치는 고구려군을 추격하여 천 명의 목을 베었다.

484년에는 신라 북변을 침범한 고구려군을 백제, 신라가 연합하여 모산성에서 무찔렀다. 그리고 493년에는 두 나라의 결속을 강화하기 위해 백제 동성왕(24대)의 왕자와 신라 최고 관직인 이벌찬의 딸 사이에 혼인이 이루어졌다. 두 나라의 굳건한 동맹 관계는 동성왕에 이어 무령왕(25대) 때에도 지속되었다.

그러는 가운데 웅진 천도로 인한 정치적 혼란도 차츰 안정을 되찾았고 농업을 장려하여 경제적 기반도 튼튼히 하였다.

동성왕을 살해한 귀족 백가를 제거하여 왕권의 우위를 확보한 무령왕은 510년 농업 발전을 위한 조치를 단행하였다. 제방을 수리하고 농사에 필요한 물을 풍부히 저장할 수 있도록 하였으며, 떠돌아다니는 사람들을 모아 농사를 짓게 하였다. 그 결과 호남 지역은 한반도 최대의 곡창 지대로 성장했고, 백제는 농업 국가로 떠오르면서 제2의 전성기를 누리게 되었다.

무령왕의 뒤를 이은 백제 26대 임금 성왕은 도읍을 웅진에서 '사비'로 옮기고 국호를 백제에서 '남부여'로 바꾸었다. 그리고 그동안 강화되어 온 왕권과 신진 세력의 힘을 얻어 반발하는 귀족들을 누르고, 관제 정비에 박차를 가했다.

백제는 중앙 관제로서 16관등제와 22부제, 그리고 수도 조직으로 5부제와 지방 조직으로 5방제를 두었다. 16관등제는 1품 좌평에서 16품 극우에 이르는 16등급이고, 관등의 높고 낮음에 따라 옷색을 자색, 비색, 청색으로 구분하였다. 22부제는 궁중 업무를 맡는 내관 12부와 일반 업무를 관리하는 외관 10부로 이루어져 있었다. 지방은 5방으로 나누고, 그 아래 군과 성을 두었으며, 그 장관을 '방령'이라 하였다.

또한 성왕 때에 승려 겸익이 인도에서 율을 데려왔고, 522년에는 노리사치계를 통해 일본에 최초로 불교를 전했다.

이 무렵, 신라는 국력이 크게 신장되어 한강 가에까지 세력을 뻗쳐 백제를 견제하는 한편, 진흥왕 때에 이르러서는 백제 국경을 침범하여 한산주를 차지했다. 그 여세를 몰아 삼년산성을 빼앗고 옥천까지 진격하였다.

이 갑작스런 신라의 습격 소식을 들은 성왕은 크게 화를 내며, 배반자 신라를 응징하고 영토를 되찾기 위해 직접 군대를 이끌고 신라의 관산성을 공격했다. 초기의 전세는 백제에게 유리하게 돌아갔으나, 신라의 장수 김무력이 성왕을 살해함으로써 전세가 역전되어 백제는 크게 패하였다.

이로 인해 그동안 쌓아온 백제의 국력은 한순간에 무너지고, 전쟁을 반대했던 귀족들의 권한이 크게 강화되었다.

실권을 쥐고 있던 귀족들은 법왕(29대)이 죽은 후 익산 지역에서 살고 있던 몰락한 왕족 출신 서동을 무왕(30대)으로 즉위시켰다. 귀족 자신들의 이익을 위해 추천했지만, 무왕은 즉위하자마자 왕권 회복을 위한 정책을 펼치며 귀족 세력에 제동을 걸었다.

▲ 칠지도
칠지도에는 백제 왕세자가 왜왕을 위하여 만들어 주었다는 내용이 적혀 있다.

또한 신라의 선화공주와 결혼해 신라와의 유대를 강화하였고, 미륵사를 창건하는 등 익산으로 천도하기 위해 왕권의 기반을 다져 갔다.

무왕의 맏아들 의자왕(31대)도 즉위하면서 이듬해 642년 내신 좌평 기미 등 유력한 귀족 40여 명을 숙청해 왕권을 더욱 강화시켰다. 한편 민심 수습에도 힘을 기울여 국내 정치의 안정을 도모하였다.

642년 7월, 의자왕은 직접 군대를 거느리고 신라를 공격하여 미후성 등 40개 성을 함락시켰다. 8월에는 장군 윤충이 군사 만 명을 이끌고 신라의 대야성을 무너뜨렸다. 이 싸움에서 윤충은 항복한 대야성의 성주 김품석과 그의 아내를 죽여, 그 머리를 사비성에 보냈다.

한편 자신의 사위와 딸이 죽었다는 소식을 들은 김춘추는 온종일 사물을 분간하지 못할 정도의 충격을 받았다.

643년에 백제는 새롭게 고구려와 동맹을 맺고, 신라의 당항성을 빼앗아 신라가 당나라로 가는 길을 막았다.

그런데 이런 승승장구의 전세에 마음을 놓은 의자왕은 그만 사치와 환락에 빠지기 시작하였다. 연일 세월을 잊고 수많은 궁녀들에 둘러싸여 술타령만 했다. 후궁이 많아 왕자만도 40여 명이나 되었다.

그때, 충신 성충이 임금의 행동을 비난하며, 신라가 백제를 치려고 군사를 모으고 있다고 고하였으나 의자왕은 듣지 않고 오히려 성충을 옥에 가두어 버렸다. 성충은 감옥에서도 나라를 걱정하여 임금에게 상소를 올리고 끝내는 단식하여 옥에 갇힌 지 28일 만에 숨을 거두고 말았다.

'충신은 죽음 앞에서도 임금을 잊지 못하는 법이온즉, 마지막으

> ❖ **성충**
>
> 일명 '정충(淨忠)'이라고도 한다. 656년 좌평(佐平)으로 있을 때 왕이 신라와의 싸움에서 연승하여 자만과 주색에 빠지자 국운이 위태로워짐을 극간하다가 투옥되었다.
> 옥중에서 단식을 하다가 죽음에 임박하여 왕에게 글을 올리기를 "충신은 죽더라도 임금을 잊지 못하는 법입니다. 그래서 죽으면서 한 말씀만 드리겠습니다. 신이 항상 시세의 흐름을 볼 적에 머지않아 반드시 전쟁이 일어날 것 같습니다. 그때 군대를 사용함에 있어서는 그 지리적 조건을 잘 이용하여야 하는데, 강 상류에서 적병을 맞이하면 나라를 보전할 수 있습니다. 만일, 적군이 쳐들어오면 육로로는 탄현(炭峴)을 넘지 못하게 하고, 수군은 기벌포(伎伐浦)에 못 들어오게 한 뒤, 험한 지형에 의지하여 싸우면 틀림없이 이길 것입니다."라고 하였다.

로 아룁니다.

앞으로 전쟁이 일어날 것입니다. 군사를 쓸 때에는 지형을 잘 골라 대비해야 합니다. 외적이 쳐들어오면 육로는 침현(탄현)을 넘지 못하게 하시고, 수군은 기벌포의 언덕을 들어서지 못하게 하십시오.'

그러나 의자왕은 성충의 마지막 상소문까지 짓밟아 버렸다.

그런데 의자왕 19년에 해괴한 일들이 꼬리를 물고 일어났다.

사비수(백마강)에 사람 키의 세 배나 되는 큰 물고기가 죽은 채로 떠오르고, 거인 여자 시체가 바다로 떠내려 왔을 뿐만 아니라, 밤마다 대궐 북쪽에서 귀신의 울음소리가 들려왔다.

어느 날은 귀신 하나가 대궐 안으로 들어와서는 "백제는 망한다! 백제는 망한다!"

하고 외치더니, 군사가 나타나자 땅 속으로 사라졌다. 군사들이 하도 이상하여 그곳을 파 보았더니 거북이 한 마리가 나왔다. 거북의 등에는 '백제는 보름달이요, 신라는 초승달'이라는 글자가 쓰여 있었다. 군사들이 그 거북이를 의자왕에게 보이자, 의자왕은 점쟁이를 불러 그 뜻을 해석하도록 하였다.

"보름달이란 것은 달이 꽉 찼으니 앞으로 기운다는 뜻이고, 초승달이라 함은 차차 일어난다는 뜻인 듯하옵니다."

이 말을 들은 의자왕은 화를 벌컥 내며, 그 자리에서 점쟁이의 목을 베어 버렸다.

그 이후에도 의자왕은 궁녀들 속에 파묻혀 술과 놀이로 세월을 보냈다.

한편 김유신이 이끄는 신라 5만 군사는 이천을 지나 황산벌에서 백제의 5천 결사대를 물리치고 사비성으로 진격해 들어왔다. 중국

> 백제는 한강 유역을 상실한 후 재기를 도모하여 한때 신라를 크게 위협하기도 하였으나 의자왕의 실정으로 정치가 문란해지면서 힘이 약화되었다.

당나라의 소정방이 이끄는 13만의 당나라 군대도 금강 기벌포에서 백제의 별다른 저항 없이 상륙해 사비성으로 향했다.

이 소식을 들은 의자왕은 깜짝 놀라 서둘러 군사를 모아 직접 군대를 지휘했다. 백제 군사들은 목숨을 아끼지 않고 끝까지 싸웠으나 워낙 승산이 없는 싸움인지라 신라와 당나라 연합군을 막을 수는 없었다.

계백의 5천 결사대

계백 장군은 의자왕 때 달솔이란 벼슬자리에 있었다. 의자왕 20년(660년)에 당나라 소정방이 대군을 이끌고 바다로, 신라 김유신은 5만 군사를 이끌고 육로로 침략해 왔다.

그러자 계백 장군은 의자왕의 명으로 5천 명의 결사대를 조직했다. 그는 황산벌로 나가기 전 집에 들렀다.

"이번 싸움은 앞날을 예측할 수가 없구나. 내가 죽어 아내와 자식들이 적의 노예가 되는 것보다 내 손에 죽는 것이 훨씬 행복할 것이다."

계백 장군은 아내와 자식들을 모두 죽이고 싸움터인 황산벌로 향했다. 그는 지형에 따라 세 개의 영을 쌓고 결사대에 외쳤다.

▲ 계백 장군

"듣거라! 옛날 월나라 왕 구천은 5천으로 오나라 70만 대군을 물리쳤다. 우리군의 수가 적다고 하지만 죽음을 각오하고 싸운다면 결코 승리할 것이다!"

황산벌에서 신라군과 맞붙은 백제군은 네 차례의 접전으로 적군 1만여 명을 섬멸했다. 그러나 결국 나이 어린 화랑 반굴과 관창의 전사로 전의를 불태우며 노도처럼 밀려드는 신라군을 당해내지 못하고 패배, 장렬한 최후를 맞이했다.

오랫동안 신라와 전쟁을 벌인 백제는 생활이 무척 어려워졌다. 용맹스럽고 지혜가 넘치던 의자왕도 이제는 의기소침하여 정치는 돌보지 않고 술과 놀이에만 빠져들었다. 백성들과 신하들의 불만은 날로 커졌다. 의자왕은 오히려 나라의 걱정을 충직하게 아뢰는 성충을 비롯한 충신들을 가혹하게 벌 주었다.

그러한 가운데 660년 신라와 당나라 연합군이 많은 군사를 이끌고 쳐들어왔다.

신라의 명장 김유신은 백제의 서울인 사비성을 빼앗기 위해 5만 명의 군사를 이끌고 백제로 쳐들어왔다. 무혈로 탄현을 통과하고 황산벌로 진군하였다.

이때 당나라군은 택강에 도착해 진을 치고 있었다. 의자왕은 어떻게 적을 막느냐는 문제를 고민하면서 시간만 보냈다.

계백 장군은 5천의 결사대와 함께 황산벌에서 열 배가 넘는 신라군과 맞서 용감하게 싸웠지만 신라군에 의해 끝내 모두 전사했다.

신라군은 사비성을 총공격했고 당나라군은 백강 어귀에서 패한 직후 상륙작전을 감행해 30만 대군으로 하여금 사비성을 공격했다.

이때 의자왕은 태자 효와 함께 궁궐을 탈출해 부소산을 거쳐 웅진성으로 피해 있었다. 궁녀들 또한 의자왕을 따르려고 했지만 서로가 뒤엉켜 진퇴양난이었다. 따라서 궁녀들은 적에게 치욕을 당하는 것보다 죽는 것이 낫겠다고 판단해 하나같이 백마강에 몸을 던졌다.

오늘날 이곳을 낙화암이라 불리고 있으며, 강물에 뛰어든 궁녀만 무려 3천 명이나 되었다고 한다.

> 김유신이 이끄는 신라군은 황산벌에서 백제 계백의 결사대를 격파하고 사비성에 진출하였고, 소정방이 이끄는 당군은 금강 하구로 침입하였다.

한편 의자왕이 피신하자 셋째왕자 융은 좌평 각가를 시켜 당나라 소정방에게 군사를 철수시켜 달라는 글을 전했다. 소정방이 이를 묵살하자 융은 어쩔 수 없이 항복했다. 그때 신라 세자 법민은 융을 꿇어앉힌 후 말했다.

"20년 전 네 아버지 의자왕이 내 누이동생을 죽였다. 그것으로 하여금 원한을 사게 했다."

그로부터 얼마 후, 의자왕은 태자와 함께 사비성으로 돌아와 당나라 소정방과 신라 태종 무열왕에게 항복했다. 소정방은 의자왕과 태자 효, 왕자들을 비롯하여 귀족들 80명, 백성 2천8백 명의 포로를 끌고 당나라로 돌아갔다. 결국 백제는 이렇게 멸망하고 말았지만 그 후 백제 부흥운동은 3년간이나 이어졌다.

▲ 미륵사지 석탑

우리 나라에서 가장 크고 오래된 석탑이다. 높이 14.24cm. 국보 제 11호.

계백 장군과 5천 결사대

계백(階伯 ; ?~660)은 백제의 장군. 황산벌에서 나당연합군을 방어하다가 패하여 죽었다. 계백은 기울어져 가는 백제를 구하고자 결사대 5,000명을 뽑아 거느리고 황산벌 싸움에 나갔다. 출전하기 전에 자기의 처자들이 패전 뒤 노비가 되어 치욕을 당하는 것보다 죽는 것이 낫다 하여 미리 자기 손으로 죽였으며, 자신도 나라를 위해 목숨을 바칠 것을 굳게 맹세했다.

그가 이끄는 결사대는 신라 김유신의 5만여 군사와 4차례나 싸워 이겼으나, 결국 나이 어린 화랑 반굴·관창의 전사로 전의를 불태우며 노도처럼 밀려드는 신라군을 당하지 못하고 패배, 장렬한 최후를 마쳤다.

3 신라

신라의 건국과 발전

골품제도

신라는 성골(聖骨)과 진골(眞骨)이라는 두개의 골과 6두품으로부터 1두품에 이르는 6개의 두품을 포함해 모두 8개의 신분계급으로 나누어져 있었다. 이 중에서 성골은 김씨 왕족 가운데서도 왕이 될 수 있는 자격을 가진 최고의 신분이었는데, 진덕여왕을 끝으로 소멸되었다. 진골도 성골과 마찬가지로 왕족이었으나 원래 왕이 될 자격이 없었다고 하는데, 성골이 소멸되자 태종무열왕부터는 왕위에 올랐다. 그 뒤 신라가 멸망할 때까지 모든 왕은 진골출신이었다.

신라는 경주 지역의 토착 세력과 유이민 세력이 결합하여 박혁거세에 의해 건국되었다(B.C.57년). 초기에는 박·석·김의 세 부족이 연맹하여 왕에 해당하는 이사금을 선출하였는데, 곧이어 6부족 연맹체로 발전하였다.

4세기 후반 내물왕(17대)은 김씨에 의한 왕위 세습을 이루고 마립간이라는 왕의 칭호를 사용했다. 또한, 낙동강 동쪽 지역을 장악하고 중앙집권 국가로 발전하였다.

6세기 초 지증왕(22대) 때에 정치 제도가 정비되어 국호를 사로국에서 신라로, 왕호를 마립간에서 왕으로 고쳤으며 우산국(울릉도)을 점령하였다. '신라'라는 국호는 '왕의 업적이 날로 새로워져서 사방을 망라하여 다스린다'는 의미를 가진 것으로, 수도의 행정구역을 정리하고, 지방의 주·군을 정비하였다.

곧, 주에 군주를 파견하여 다스리게 함으로써 지방제도를 군사제도와 병행하여 정비하였으며, 그 결과 법흥왕 초기에 병부가 설치되었다. 곧이어 율령이 반포되어 17관등 및 백관의 공복이 정해졌을 뿐 아니라, 골품제도가 정비되어 중앙집권 국가 체제를 완비하여 갔다.

특히 법흥왕(23대)은 율령을 반포하고 불교를 공인하며 금관가야를 정복하는 등 국가의 흩뜨려진 체제를 재정비하였다.

이어 진흥왕(24대)은 화랑제도를 통하여 많은 인재를 배출하는 한

신라 왕조의 계보

삼국의 형성과 발전

편, 국력을 정복 사업에 집중시켜 낙동강 유역과 한강 유역을 차지하였다. 또한 위로는 함흥평야 지역까지 진출하였고, 고령의 대가야를 정복하여 낙동강 서쪽을 장악하는 등 삼국통일의 발판을 마련하였다.

신라의 대외적 발전상을 살펴보면, 울진의 봉평 신라비를 비롯하여 단양의 적성비와 북한산, 창녕, 마운령, 황초령의 여러 순수비들은 모두 6세기의 신라 발전과 관련된 기념물이다.

❖ **신라의 국호**

신라는 서라벌, 사로, 사라, 신라, 계림 등 다양한 이름으로 불리다가 지증왕 때 신라를 공식 국호로 정하였다.

박혁거세의 탄생

신라는 원래 삼한 중 진한에 속한 작은 나라로 경주 지방에 자리를 잡고, 이름을 '서라벌'이라 하였다.

신라의 건국과 발전 : 박혁거세가 금성(경주)에 건국	
시 기	업 적 및 발 전 내 용
지증왕	나라 이름을 사로에서 신라로 바꾸었음. 왕 칭호와 우산국(울릉도)을 복속시켰음.
법흥왕	불교를 공인하여 국가의 지도 이념으로 삼음. 형률과 법령, 율령을 반포함. 금관가야 정복
진흥왕	한강 유역 장악, 함경도 지역으로 진출, 대가야를 정복함 ⇒ 단양적성비, 4개의 순수비(북한산비, 마운령비, 황초령비, 창녕비)
※ 한강 유역 장악 : 경제 기반 강화, 전략거점 확보, 중국과 직접 교역할 수 있는 발판 마련 ⇒ 삼국 경쟁에서 주도권을 장악할 수 있는 이점이 있다.	

서라벌의 넓은 들 가운데는 알천이 흐르고 이곳을 중심으로 알천 양산촌, 돌산 고허촌, 취산 진지촌, 무산 대수촌, 금산 가리촌, 명활산 고야촌 등 여섯 마을이 자리잡고 있었다. 각 마을에는 촌장이 별도로 있었고 큰일이 있을 때면 모두 한자리에 모여 회의를 했다.

촌장들은 양산촌의 알평, 고허촌의 소벌공, 진지촌의 지백호, 대수촌이 구례마, 가리촌의 지타, 고야촌의 호진 등이다. 여섯 마을의 회의의장은 연장자인 돌산 고허촌 소벌공이 맡았다. 소벌공은 소벌도리라고도 부르는데, 소는 금속류인 '쇠'를 가리키고, 도리는 고유 인명인 '들이'와 같다(현재 최씨와 소씨의 공동 조상임).

▲ 신라 나정

어느 날 여섯 촌장들은 알천 동쪽에서 건국에 대한 회의를 하고 있었다. 그때 양산 기슭에서 한줄기 빛이 내려와 양산촌 나정우물 옆에 있는 숲속을 비쳤다.

촌장들은 동시에 빛이 닿은 곳을 보니 백마 한 필이 무릎을 꿇고 하늘을 향해 절하는 시늉을 하는 것이었다. 촌장들은 황급히 달려갔지만, 백마는 울음소리를 낸 뒤 하늘로 사라지고 말았다.

그 후 촌장들은 백마가 절을 하던 곳에 놓여 있는 커다란 알을 발견했다. 그때 호기심이 많은 촌장 한 사람이 알을 만지는 순간 알이 쩍 갈라졌다. 갈라진 알에는 건강한 사내아이가 방실거리며 웃고 있었다. 아이를 알에서 꺼내자 몸에 알 수 없는 향내와 광채가 났다.

촌장들의 결정에 따라 돌산 고허촌의 촌장 소벌공이 사내아이를 기르기로 했다. 그는 아이의 이름을 고민하다가 박처럼 큰 알에서 나왔다고 성을 '박씨'로, 이름은 '세상을 밝게 다스린다'는 뜻으로 '혁거세'로 지었다.

이 사내아이는 기원전 57년 4월, 13세의 나이로 왕이 되었다. 그때 백성들은 그를 '거서간'으로 불렀다. 거서간은 '족장, 우두머리, 지도자'라는 뜻이다. 도읍지 서라벌은 땅이 기름지고 비가 알맞게 내렸다.

그가 왕으로 등극할 때부터 서라벌은 매년 풍년이 들었고, 모든 것이 넉넉한 태평세월이었다. 그가 즉위한 지 5년째 되었을 때 알영과 혼인했다.

박혁거세가 태어날 무렵, 양산마을 알영이라는 우물가에 용이 구름을 타고 내려왔다. 그리고 그 용은 겨드랑이 갈비뼈 밑에서 여자아이를 낳은 후 하늘로 올라가 버렸다. 이 여자아이를 마을 할머니가 데려왔는데 입술 모양이 부리처럼 쑥 나와 있었다. 그때 할머니가 샘물로 입술을 씻기자 어여쁜 입술이 되었다. 할머니는 여자아이가 알영이라는 우물에서 태어났다고 하여 이름을 알영으로 지었다. 알영은 성품이 어질고 착하여 사람들로부터 칭송을 들었다.

알영의 소문을 들은 혁거세는 알영을 왕비로 맞이하였다. 신라에서는 박혁거세와 알영을 두 성인으로 일컫고 뒷날까지 신으로 받들어 모셨다.

박혁거세는 왕이 된 후 61년 만에 죽었다.

신라 왕위 계승의 가장 큰 특징은, 덕이 많고 지혜로운 사람에게 왕위를 물려준다는 것이었다. 2대 남해 차차웅은 유리왕에게 물려

 ## 신라 왕호 변천

거서간 → 차차웅 → 이사금 → 마립간 → 왕

왕이라고 칭하기 이전의 왕호는 순수한 우리말이며, 왕호의 변천은 신라 사회의 성장과 밀접한 관계를 가지고 있다.

신라의 왕호 변천은 선거에 의한 군장의 추대가 세습적 군장제로 바뀌고, 다시 부자 상속에 의한 왕제로 전제화되어 가는 과정을 나타내 주는 것이다.

주었고, 유리왕은 석탈해에게 임금 자리를 물려주었다.

차차웅은 '무당', 또는 '제사를 지내는 제사장'을 뜻한다.

 신라의 발전

신라가 나타나기 전 그 일대에는 12개의 작은 나라들로 이루어진 진한이 있었다. 그 가운데 하나가 사로국(신라)이다.

사로국의 시조 설화를 보면, 처음에는 혁거세와 알영을 내세우는 세력이 사로국의 중심이었다.

신라의 발전 과정은 지도자를 가리키는 호칭의 변화(거서간→차차웅→이사금→마립간→왕)를 통해서도 알 수 있다. 거서간은 '태양, 족장, 지배자'라는 뜻이고, 차차웅은 '무당' 또는 '제사장'이라는 뜻이다. 따라서 혁거세 거서간과 2대 남해 차차웅은 바로 하늘이나 조상에게 제사를 지내는 제사장인 동시에 백성을 다스리는 지배자였던 것이다.

이사금은 '나이가 많은 사람, 어른(長)'을 가리키는 칭호였다. 옛날 사람들은 나이가 많은 사람이 지혜가 많고 덕망이 높다고 생각하였기 때문에 그러한 사람을 우두머리(지배자)로 뽑았다.

우두머리는 세습이 되었는데 박씨, 석씨, 김씨가 교대로 왕이 되었다.

또한 이사금은 여러 집단을 모아 회의를 열고, 사람들 사이에 생긴 다툼을 조정하는 역할도 하였다. 그 무렵, 경주의 사로국은 진한의 여러 나라 가운데 가장 왕성하였다.

17대 '내물' 혹은 19대 '눌지' 때부터 '마립간'의 칭호를 썼는데, 마립간은 대수장(大首長, 최고의 어른)으로서 왕권의 성장과 강화를

신라는 한강 유역을 차지하면서 중국과 직접 교통할 수 있는 황해의 교통로를 확보하였다. 이를 발판으로 삼국의 경쟁에서 주도권을 장악하였다.

나타낸다.

내물 마립간에 이르러 신라는 경상북도 일대를 모두 다스리게 되었다. 이때 마립간은 지배자를 뜻한다. 이 시기부터 왕이 중심이 되어 나라를 다스리고, 왕의 자리도 아들에게만 물려주었다. 이때부터 김씨만 왕이 되었다.

처음에는 신라가 고구려보다 힘이 약했기 때문에 왕자를 인질로 보내야만 했다. 그러나 내물 마립간 때에 백제, 가야와 동맹을 맺으면서 비로소 고구려의 속박에서 벗어 날 수 있었다.

▲ 금관
(경주 황남대총 북분)
높이(관) 27.5cm

한가위의 유래

신라 제2대 유리왕이 어느 날, 백성들의 삶을 살펴보기 위해 잠행을 나갔다가 한 노파가 추위와 허기에 쓰러져 있는 것을 발견했다. 그는 자신의 잘못이라고 생각해 노파에게 옷과 음식을 내린 후 신하들에게 명했다.

"이제부터 가난하고 불쌍한 홀아비와 홀어미, 고아와 늙은이, 병으로 능력이 없는 백성을 모두 나라에서 먹여 살리도록 하라!"

그러자 이웃나라 백성들까지 신라로 몰려오고, 때마침 풍년까지 들어 '도솔가'를 지어 하늘에 감사하는 태평가를 부르게 했다.

유리왕은 6부의 이름을 고치면서 성씨를 하사했다.

성씨의 내력은 양산부를 양부로 고치고 성을 이씨, 고허부는 사량부로 고치고 성을 최씨, 대수부는 모량부로 고치고 성을 손씨, 간진부는 본피부로 고치고 성을 정씨, 가리부는 한지부로 고치고 성을 배씨, 명활부는 습비부로 고치고 성을 설씨 등으로 고쳤다.

이때의 관리제도는 17관등제를 실시했는데, 6부가 정해지면서 6

부 여자를 두 편으로 나누었다. 이때 두 사람을 대표로 각기 자기 편으로 거느리고, 7월 16일부터 8월 15일까지 밤낮으로 길쌈을 짠 결과로 성적순이 매겨졌다.

　게임에서 진 쪽은 술과 음식을 장만해 이긴 쪽에게 대접했다. 더구나 진 쪽 여자들이 춤을 추면서 '희소희소'라며 탄식조로 노래를 불렀다. 이것이 바로 '희소곡'이다. 또한 이날 밤에 행해진 노래와 춤과 놀이를 '가배'라고 했는데 이것이 오늘날 '한가위, 추석'의 기원이 된다고 할 수 있다.

　그런데 추석이 신라 유리왕 때 길쌈 시합에서 처음 시작되었다기보다는 오랜 옛날 농사가 본격적으로 시작되면서 열린 추수 감사제에서 비롯되었다고 보는 것이 옳을 듯하다.

　요즘에도 추석이 되면 새로 나온 햇곡식과 햇과일로 조상님께 차

▲ 임신서기석

두 사람이 유교의 사상과 도덕을 공부하고 그것을 몸소 실천하기로 맹세한 내용이 적혀 있는 비

화랑제도

① 화랑제도는 나라의 인재를 키웠던 신라의 청소년 단체이다.
② 화랑도는 평상시에는 강이나 산을 찾아다니면서 학문과 무술을 닦았고, 전쟁이 일어나면 싸움터에 나가 나라를 위해 싸웠다.
③ 화랑도는 신라가 삼국을 통일하는 데 중요한 역할을 한 인재를 많이 배출했다.
④ 세속 오계(원광법사) : 화랑이 지켜야 하는 다섯 가지 계율
　· 사군이충 : 나라에 충성한다
　· 사친이효 : 부모에 효도한다
　· 교우이신 : 친구를 믿음으로 사귄다
　· 임전무퇴 : 싸움터에 나가서는 물러서지 않는다
　· 살생유택 : 생명이 있는 것은 함부로 죽이지 않는다

례를 지낸다. 추석과 같이 한 해 농사를 감사하는 축제는 우리나라뿐 아니라 세계 여러 나라에서도 두루 찾아볼 수 있다.

고구려 고분 벽화를 보면 고구려 축제인 '동맹'의 모습에서 많이 남아 있다. 공놀이, 도둑잡기 등의 놀이와 씨름, 사냥 등의 그림을 통해 당시의 축제를 상상할 수 있다.

고대 사람들은 이런 축제를 통해 음식을 같이 나누어 먹고 함께 춤추며 노는 동안 서로가 친해지고 하나로 뭉칠 수 있는 계기가 될 수 있었을 것이다.

▲ 은관
(경주 황남대총 남분)
20.5cm

고구려, 백제, 신라, 삼국은 중앙집권 국가로 발전하는 과정에서 신분제를 엄격히 하여 통치 기반을 다졌는데, 그 중 대표적인 것이 신라의 골품제이다. 골품에는 성골, 진골과 같은 왕족, 그리고 6두품, 5두품, 4두품의 귀족이 있었다. 골품에 따라 관직의 승진에 제한이 있었으며, 심지어는 집의 규모나 수레의 크기, 옷차림에도 제한이 있었다.

 나라의 기둥, 화랑

삼국 가운데 고구려의 세력은 강성하여 위로는 이민족을 막아내고, 남으로는 조령까지 미쳤다. 이에 신라와 백제는 서로 협력하여 고구려에 맞서기 위해 동맹을 맺었다(433년). 당시 신라는 군사적인 요새로 삼년산성이 버티고 있었다.

474년 백제가 신라의 자비왕에게 구원병을 청하자 곧바로 군사를 보내주었다. 그 후 자비왕이 죽고 소지왕이 뒤를 이었다. 그는 고구려와 충돌을 막기 위해 국방에 주력했다. 그가 죽고 64세의 지증왕이 즉위했다. 지증왕은 체격이 우람하고 담력이 컸다.

　지증왕 4년에 나라 이름을 '신라'라고 정했다. '신'은 왕의 업적 매일 새롭게 한다는 것이고, '라'는 사방을 망라하여 다스린다는 의미이다.

　지증왕 13년에 우산국(울릉도)을 점령했다. 지증왕의 뒤를 이은 법흥왕은 이차돈의 순교를 계기로 불교를 정식으로 인정했다(528년). 또한 율령을 공포해 국가 체제의 확립에 힘썼다.

　진흥왕 때는 이사부와 거칠부 등의 훌륭한 신하들이 있어 나라발전에 큰 공을 세웠다. 당시 고구려는 왕위 다툼으로 국력이 쇠약해졌고 민심도 흉흉하였다. 이때를 놓치지 않고 신라는 중국과 교역을 위해 북쪽을 공격해 한강 연안을 점령했다.

▲ 금동미륵보살반가사유상과 여래입상

　진흥왕은 영토를 넓힌 후 북한산에 순수비를 세웠고 서남쪽으로 진출해 가야국을 병합했다. 또 지금의 창녕부근과 함경남도의 황초령과 이원군에 있는 마운령에 순수비를 세웠다. 이것으로 신라는 제국의 모습을 이웃나라에 제대로 알렸다.

　불교가 정식으로 인정되면서 황룡사와 많은 사찰이 세워졌는데 이것은 삼국을 통일하는데 기반이 되었다. 이와 동시에 화랑제도까지 창설되었다. 처음의 화랑도는 남자와 여자로 나누어 놀게 하면서 훌륭한 인재를 뽑았다.

　화랑도는 15세쯤 되는 진골 귀족의 아들을 화랑으로 뽑고, 그 밑으로 일반 평민의 젊은이들을 모아 낭도라고 불렀다. 주로 경주에 사는 사람들을 중심으로 이루어진 화랑과 낭도의 수는 적게는 300명이었으며, 많을 때는 1,500명이 넘었다.

　화랑도의 시초는 원화제도로서, 원화에서 두 명의 여성을 뽑아

> 화랑이라는 말은 '꽃처럼 아름다운 남성'이라는 뜻으로, 화판·선랑·국선·풍월주 등으로 불리기도 했다.

두령으로 삼았다. 처음 원화로 뽑힌 남모와 준정을 중심으로 3백여 명이 각각 무리지어 놀게 했다. 남모와 준정은 자신을 따르는 남자들에게 여왕처럼 군림했다.

하지만 두 여자는 결국 서로를 시기했으며 준정은 남모를 죽이려는 음모를 꾸몄다. 얼마 후 준정은 남모를 자신의 집으로 초대해서 술을 마시게 했다. 준정은 술에 만취된 남모를 강물에 떠밀어 죽였다. 그렇지만 준정의 살인이 밝혀지면서 참형을 당했고, 이와 함께 원화제도도 같이 없어졌다.

그 후, 진흥왕 때 군대를 보충할 수단으로 화랑제도를 다시 새롭게 제정했다. 화랑도는 일정한 기간을 정해놓고 같이 모여 공부도 하고, 무술을 익히고 몸과 마음을 닦았다. 왕과 귀족들은 화랑에게 여러 가지 도움과 혜택을 주었다.

화랑에게는 원광 스님이 만든 '세속 오계世(俗五戒)'라고 하는 다섯 가지 지켜야 할 덕목이 있었다.

첫째 충성을 다해 임금을 섬겨야 한다는 '사군이충', 둘째, 어버이께 효도해야 한다는 '사친이효', 셋째, 믿음으로 친구를 사귀어야 한다는 '교우이신', 넷째, 싸움터에 나가서는 물러서지 말아야 한다는 '임전무퇴', 다섯째, 생명을 죽이는 데는 신중해야 한다는 '살생유택'이 그것이다.

화랑은 국가의 중요한 인재들이었다. 신라가 삼국을 통일하는 데도 화랑들의 역할이 컸다.

길이 120.0cm

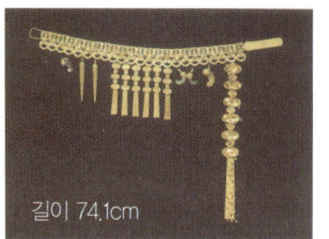
길이 74.1cm

▲ 금제 허리띠
(경주 황남대총 북분)

 ## 백결선생의 떡방아소리

신라 19대 눌지왕 때부터 전국에 노래와 음악이 널리 퍼져 전해

졌다. 이때 섣달 그믐날만 되면 백성들은 조상에게 제사를 지내고 새해를 맞아 떡을 만들어 먹는 풍습이 생겼다.

눌지왕 때의 일이다. 경주 남산 기슭에 살고 있는 백결 선생은 너무 가난해서 제사는커녕 떡도 만들어 먹을 수가 없었다. 백결이란 너무 가난해 옷을 백 번 기워 입었다고 붙여진 이름이다. 그는 벼슬길 출사에 실패한 후 집에서 거문고만 뜯었다.

그러던 어느 섣달 그믐날이었다. 마을 사람들은 새해를 맞이하기 위해 떡방아를 찧느라 부산을 떨고 있었으나 백결 선생은 풀이 죽어 아내의 얼굴도 쳐다보지 못했다.

"여보! 귀가 있으면 알 것 아니오!"

그러나 백결 선생은 아내의 화풀이를 받아들일 수밖에 없었다. 그때 마침 까치 한 마리가 앞마당 감나무에 앉아 '까악'하고 울었다. 이어 아내는 거문고를 배운 제자가 쌀이라도 가지고 찾아올 것으로 생각했다. 아내는 빈 독을 깨끗이 씻어놓고 물을 긷기 위해 우물가로 갔다. 그런데, 갑자기 자신의 집에서 떡방아 찧는 소리가 들려왔다.

이 소리에 기쁜 마음을 감추지 못하고 집으로 돌아온 아내는 기가 막혔다. 그것은 떡방아 찧는 소리가 아니라 백결 선생의 거문고 소리였다. 그렇지만 아내는 실망하지 않고 거문고 소리에 맞춰 마당에서 어깨춤을 추었다. 이것을 본 이웃 아낙네들까지 마당으로 모여들며 춤판이 벌어졌다.

❖ 백결 선생

백결이란 너무 가난해 옷을 백 번 기워 입었다고 붙여진 이름이다. 그는 벼슬길 출사에 실패한 후 집에서 거문고만 뜯었다.

최초의 여왕, 선덕여왕

신라 26대 진평왕 43년 가을, 당나라에서 모란꽃이 그려진 병풍

삼국의 형성과 발전 93

과 모란꽃씨를 보내왔다. 이때 진평왕은 덕만공주를 불러 병풍을 보여 주었다. 그러자 덕만공주는 병풍에 그려진 모란꽃을 바라보다가 이렇게 말했다.

"아바마마, 좋은 꽃이 아닙니다."

"뭐가 잘못 되었느냐?"

"네, 이 꽃에는 향기가 없습니다."

"그림인데 향기가 있을 리가 없지 않느냐."

"아닙니다. 꽃 주위에 벌이나 나비가 없습니다. 그리고 그것은 아바마마에게 아들이 없음을 조롱한 것입니다."

▲ 첨성대

세월이 흘러 봄이 되자 진평왕은 병풍과 함께 가져온 모란꽃씨를 뿌렸다. 여름이 되어 꽃이 피자 진평왕은 공주와 함께 모란꽃을 살펴보았다. 과연 꽃에는 향기가 없었다. 그때부터 진평왕은 덕만공주를 자신의 후계자로 삼기로 작정했다.

632년 진평왕이 죽자 덕만공주가 뒤를 이어 우리나라 최초로 신라 27대 선덕여왕으로 즉위했다. 선덕여왕은 농사를 위해 별을 관측하는 첨성대를 세웠고, 영묘사와 분황사 등의 큰 사찰까지 지었다.

특히 젊은이들을 당나라로 유학 보내 발달된 문물을 배워 오게 했다. 이때 여왕을 보필한 인물들이 바로 김춘추와 김유신이었다.

그녀는 김춘추에게는 외교를, 김유신에게는 군사를 맡겼다. 두 사람은 힘을 합쳐 삼국 통일의 초석을 마련했다. 또한 자장율사는 여왕의 명을 받아 8년 간 불경을 연구하고 돌아와 통도사와 10여 개의 사찰을 세웠다.

그러나 이런 여왕을 해치려고 비담과 염종은 음모를 꾸며 새해에 거사하기로 결정했다. 그렇지만 음모를 알아챈 알천은 이들의 행동을 몰래 살피고 있었다.

647년 선덕여왕 16년 1월 새해가 밝아오자 잔치가 벌어졌다. 비담이 여왕에게 새해인사를 하기 위해 궁궐로 들어오는 순간 알천이 그의 목을 베었다. 뒤이어 김유신이 반란군을 10일 만에 진압했다.

선덕여왕은 아름답고 영리하였지만 나라에서 결혼을 허락하지 않았기 때문에 결혼을 할 수 없었다. 그 이유는 신라에는 골품제라는 독특한 신분제도가 있었다. 골품이라는 말은 뼈에도 차이가 있다는 뜻으로, 타고난 신분에 차이를 둔다는 뜻이다.

골품 가운데 왕이 될 수 있었던 것은 성골 귀족뿐이었다. 또한 성골은 성골 귀족끼리만 결혼할 수 있었다.

그런데 선덕여왕 시대에는 성골 남자가 한 명도 없었다. 그리하여 여왕은 결혼을 하지 못한 채 왕의 자리에 오르게 되었다. 선덕여왕이 죽은 뒤에는 마지막 남은 여자 성골인 진덕여왕이 왕이 되었다. 그 이후에는 더 이상 성골 귀족이 없었기 때문에 성골 다음으로 높은 신분인 진골 귀족에서 왕이 되었다.

▲ **연꽃무늬수막새**
(경주 안압지)
지름(맨 아래) 18.1cm

 운명이 뒤바뀐 두 자매

신라 제16대 진평왕 15년 가을 밤, 태수 김서현의 아내 만명부인(진평왕의 배다른 누이)은 태몽을 꾸었다. 금빛 갑옷을 입은 아이가 하늘에서 구름을 타고 내려오더니 자신의 품에 안겼다. 이보다 앞서 남편 김서현은 화성과 토성이 안마당으로 떨어지는 꿈을 꾸었다.

산달이 되어 만명부인은 남자아이를 순산했는데 등에는 북두칠

성 모양의 일곱 개의 점이 있었다. 이 아이가 김유신으로 그는 화랑이 되어 매일 몸과 마음을 갈고 닦았다.

화랑 김유신은 모가대와 우기나 등과 말을 타고 남산으로 올라갔다. 남산에 오른 이들은 훌륭한 인물이 되자고 언약했다. 해가 저물고 이들은 남산을 내려와 북문 밖 술집으로 향했다. 술집에는 미모의 기생 천관이 있었다.

김유신은 그 날부터 천관을 만나기 위해 술집에 자주 들렀다. 김유신이 계속해서 술집을 들락거리자 어머니 만명부인이 김유신을 불렀다.

"너는 공부를 게을리 하고 날마다 기생집에 출입한다고 하던데 그 말이 사실이냐?"

"……"

"지금 네가 술집을 드나들 나이가 아니지 않느냐?"

김유신은 어머니에게 이제부터 술집에는 절대로 가지 않겠다고 맹세했다. 맹세 후 어느 날, 김유신은 잔칫집에서 밤늦도록 술을 마시고 귀가하기 위해 말에 올랐다.

술에 취한 김유신은 말 위에 오르는 순간 졸았는데, 말은 혼자 걸어가다가 어느 집 앞에 멈추자 김유신이 잠에서 깼다. 고개를 든 김유신은 깜짝 놀랐다. 그곳은 천관이 있는 술집으로 말은 습관처럼 그곳으로 왔던 것이다. 이때 김유신을 본 천관은 버선발로 뛰어나와 반겼다.

하지만 김유신은 그녀를 거들떠보지도 않고 말에서 내리는 순간 사랑하는 말의 목을 베었다. 이 광경을 본 천관은 목놓아 울면서 김유신을 불렀지만 뒤돌아보지 않고 곧장 집으로 돌아왔다.

이에 천관은 머리를 깎고 스님이 되었다가 죽었는데, 훗날 김유신은 천관이 살던 곳에 '천관사'라는 사찰을 지어 그녀의 넋을 달랬다고 한다.

▲ 김유신 묘
(경주시 충효동)

묘를 둘러싼 12개의 돌에 십이지신상을 새겼다.

김유신에게는 사랑하는 누이인 둘째 보희와 막내 문희가 있었다. 당시 신라는 엄격한 계급사회였지만 김유신은 진골인 김춘추와는 둘도 없는 친구로 지냈다.

정월 보름날, 김유신은 김춘추를 초대해 집 근처에서 공차기를 했다. 김유신은 공을 빼앗는 척하면서 일부러 김춘추의 소맷자락을 잡아당겼다. 그러자 옷의 바느질이 터졌다. 하지만 김춘추는 놀이에 정신이 팔려 옷이 터진 줄을 몰랐다. 놀이가 끝나자 그제야 김춘추는 소맷자락이 터진 것을 알았다.

"이런, 옷이 터졌구먼."
"상공, 저희 집에서 꿰매고 가십시오."
"괜찮소. 집에 가서 꿰매면 됩니다."
"그대로 가시는 것보다 낫지 않겠습니까?"

김유신은 김춘추를 데리고 집 안으로 들어갔다. 그때 방안에 있던 보희와 문희가 일어나 김춘추에게 인사를 하였다. 그러자 김유신은 동생들에게 김춘추의 옷을 꿰매라고 부탁했다.

"이런 하찮은 일로 어찌 귀공자를 가까이 하겠습니까?"

보희는 이렇게 말하면서 다른 곳으로 자리를 피했다.

이에 김유신은 막내인 문희에게 청하자 쾌히 승낙했다. 그러자 김춘추는 문희의 앞으로 다가갔고 그녀는 다소곳이 터진 곳을 꿰맨 후 입을 열었다.

"천한 소녀가 귀공자의 옷을 제대로 꿰맸는지 모르겠습니다?"

이날 이후부터 김춘추는 문희가 눈에 어른거려 공부가 되지 않았다. 30세가 넘은 김춘추는 이미 결혼했지만 그녀를 만나기 위해 공놀이를 핑계로 김유신의 집을 들락거리면서 문희와 동침했다. 그러던 어느 날 김유신은 문희를 불러 꾸짖었다.

"문희야, 어찌해서 상공의 아이를 가졌느냐?"
"오라버니, 죽을죄를 지었습니다."

화랑도는 진흥왕 때 국가적인 조직으로 개편되어 교육기관의 역할을 하였다. 또한 화랑도에서 배출한 많은 인재는 신라의 영토 확장 과정에서 큰 활약을 하였다.

▲ 김유신 묘 십이지신상
(원숭이, 쥐, 말)

"너도 알고 있듯이 상공은 기혼자다. 그렇다고 네가 상공의 첩으로 들어가는 것은 절대로 반대다."

그런 후 김유신은 문희를 김춘추의 정실부인으로 만들 방법을 생각하였다. 때마침 선덕여왕이 신하들을 거느리고 남산으로 거동했다. 이때를 놓치지 않고 김유신은 자기 집 마당에 나무를 잔뜩 쌓아놓고 불을 질러 연기를 피웠다. 자욱하게 피어오르는 연기를 본 여왕은 신하에게 까닭을 물었다.

"여봐라! 저기에 웬 연기인가?"

"김유신이 자기 누이를 불태워 죽인다고 하옵니다."

"뭣이라고! 그렇다면 무슨 이유가 있지 않겠느냐?"

"네, 누이가 처녀의 몸으로 임신했기 때문이랍니다."

"그렇다면 그 남자가 누구라더냐?"

"어느 진골이라 하옵니다."

그때 옆에 서 있던 김춘추는 얼굴이 빨개졌고 여왕은 김춘추를 보면서 말했다.

"춘추공, 어찌 안색이 좋지 않습니다."

"마마, 용서하시옵소서. 그 진골이 바로 소신이옵니다."

"그래요? 그렇다면 공이 책임지셔야겠네요. 여봐라! 어서 그만두라고 하라. 그리고 어명으로 혼인을 하도록 하라."

이렇게 김유신의 계략으로 문희가 정실부인이 되었다.

얼마 후 김춘추는 태종 무열왕으로 등극했으며 문희는 왕비가 되었다. 혼례를 치르는 날 문희의 언니 보희는 비단치마 하나를 찢으며 울었다. 비단치마는 자신의 꿈을 동생 문희에게 팔면서 받았던 것이었다.

꿈 이야기는 김춘추가 집에 들르기 전의 일이다. 언니 보희가 꿈을 꾸고 문희에게 말했다.

"문희야, 어젯밤에 내가 이상한 꿈을 꾸었단다."

> 김춘추는 태종 무열왕으로 등극했으며 문희는 왕비가 되었다. 문희 언니 보희는 비단치마를 찢으며 한스럽게 울었다.

▲ 무열왕릉비
국보 제25호.

"무슨 꿈을 꾸었기에?"
"꿈에서 내가 서현산에 올라가 소변을 보는데, 서라벌이 온통 오줌바다로 변했지 뭐니!"
"어머, 그러면 그 꿈을 나한테 팔아요."
"팔면 무엇으로 살 것이니."
"지금까지 한 번도 입지 않은 비단치마를 줄게."
꿈은 왕비가 되는 길몽으로 영특한 문희가 그것을 알아차리고 언니가 꾼 꿈을 샀던 것이다. 그리고 그날 김춘추의 옷도 언니가 아닌 본인이 꿰맸던 것이다.

삼국 통일

60년 5월 26일, 태종 무열왕은 신라군을 이끌고 백제 원정길에 올라 남천에 이르렀다. 이때 당나라 13만 대군도 황해를 건너 덕물도에 진을 쳤다. 태종 무열왕은 김유신에게 5만 명의 군사를 주었다.

김유신은 군사를 이끌고 품일 장군과 함께 백제의 여러 성을 점령한 다음 황산벌에 진을 쳤다. 이때 백제의 명장 계백의 5천 결사대와 싸웠다. 신라군은 수가 많았지만 백제군에게 여러 차례 패했다. 그러자 김유신은 장군들을 모아 전략을 의논할 때 김흠춘은 화랑인 아들 반굴을 불렀다.

"반굴아, 이럴 때 나아가 싸우는 것이 나라에 충성하고 부모에게 효도하는 길이다."

반굴은 곧장 말을 타고 홀로 적진으로 뛰어 들어가 용감하게 싸우다가 전사했다. 이를 지켜본 품일 장군의 아들 관창이 앞으로 나섰지만 나이가 너무 어려 허락하지 않았다.

▲ 김유신 장군

그러나 관창은 이에 포기하지 않고 여러 차례 출전요청을 하자 김유신은 마지못해 허락했다. 관창은 말을 타고 창을 비껴든 채로 적진 깊숙이 들어갔지만 백제군에게 사로잡혔다. 계백은 관창의 투구를 벗기는 순간 놀랐다.

"허, 신라에도 이런 용감한 소년이 있다니……. 항복하겠느냐?"

"항복이라니! 나는 대신라의 화랑이다! 화랑에게 항복이란 단어는 없고 오직 죽음만이 있을 뿐이다."

계백은 관창을 번쩍 안아 말에 태워 신라 진영으로 되돌려 보냈다. 그러자 아버지 품일 장군은 되돌아온 관창을 호되게 꾸짖었다.

"네 어찌하여 돌아왔느냐? 다시 출전해 적장의 목을 베기 전에는 돌아오지 말라!"

관창은 또다시 말을 타고 적진으로 달려가 목이 터져라 외쳤다.

"적장은 나와서 내 칼을 받아라!"

그러나 어린 나이라 별수 없어 백제군에게 사로잡혀 또다시 계백 앞으로 끌려갔다. 계백은 두말없이 관창의 목을 베어 말안장에 매달아 신라군 진영으로 보냈다.

> 백제는 멸망한 후 복신과 도침, 흑치상지 등이 왕자 풍을 받들어 백제 부흥운동을 벌였지만 실패하였다.

▲ 문무대왕릉
(경주시 양북면 봉길리)
신라 문무왕의 수중릉으로 알려진 대왕암.

이를 본 신라군들은 사기가 충천했고 김유신은 이때를 놓치지 않고 공격명령을 내렸다. 신라군은 성난 파도처럼 적진을 향해 돌진해 백제군을 무찔렀다. 결국 백제는 660년 태종 무열왕이 왕위에 오른 지 7년 만에 멸망하고 말았다.

그리고 태종 무열왕의 아들인 신라 30대 문무왕은 백제의 부흥군을 소탕하고 당나라군과 연합하여 고구려까지 멸망시켰다. 그 후 당나라군과 충돌하자 그들의 세력까지 몰아내고 명실공히 삼국 통일을 이루었다.

4 가야 연맹

가야의 성립과 발전

가야 연맹은 낙동강 하류 변한 지방에서 성립한 나라로 토착세력이 강하였다. 2~3세기경, 김해의 금관가야를 주축으로 하여 경상남도 해안 지대에 소국 연맹체가 형성되었다. 연맹체의 맹주인 금관가야는 김수로에 의해 건국되었다(42년). 가야 소국들은 주로 경상도 남해안 일대에 분포하면서 초기에는 김해의 금관가야가, 후기에는 고령의 대가야가 가야 연맹을 주도하였다.

가야는 높은 생산력과 철의 생산, 그리고 중계 무역을 통한 비교적 안정된 경제 활동 등을 배경으로 성장하였다. 특히, 가야가 형성된 지역은 품질이 좋은 철이 많이 생산되는 곳이었으므로, 풍부한 철을 바탕으로 문화를 발달시켰다.

가야 문화는 신라 문화에 흡수되어 신라 문화의 발달

▲ 가야 금관
대가야의 금속 공예 수준을 보여 주는 대표적인 유물

에 큰 영향을 주었고, 일본의 문화에도 많은 영향을 주었다. 또한, 가야의 토기가 일본에 전해져 일본 토기의 발달에 직접적인 영향을 주었다.

　가야 소국들은 일찍이 벼농사를 짓는 등 농경문화를 바탕으로 하면서, 철의 생산과 중계 무역을 통하여 발전을 이룩하였다. 특히 고령, 합천 등의 지역에 있던 대가야 연맹 왕국은 농업의 입지 조건을 잘 갖추고 있었는데, 그런 바탕 위에 경남 해안 지방으로부터 토기의 제작 기술이 보급되고, 수공업이 일어나 크게 번성하였다.

　6세기 전반에 대가야 연맹 왕국은 백제, 신라 등의 침략을 받아 그 남부지역부터 축소되기 시작하였다. 그러던 중 가야의 남부 소국들이 대가야를 불신하여 금관가야를 중심으로 연맹왕국을 형성하게 되자, 신라는 백제와 왜의 세력이 이 지역에 영향을 끼칠까 염려하여 법흥왕 때(532년) 군대를 일으켜 병합하였다.

　한편, 대가야 연맹 왕국은 신라와 결혼 동맹을 맺어 세력을 겨우 유지하였지만, 얼마 후 자체 내에서 분열이 일어나 그 세력이 약화되어 진흥왕 때(562년) 신라에 병합되었다.

　가야 문화를 보여주는 유적으로는 고령 지산동 고분, 부산 복천동 고분 등이 유명하며, 이들 고분에서 금동관, 철제 무기와 갑옷, 토기 등이 발굴되어 가야 문화의 높은 수준을 보여 주고 있다. 특히, 가야 토기는 일본 지역에 전해져 스에키 토기에 직접적인 영향을 주기도 하였다.

▲ 피갑옷과 투구
(고령 자산동 32호분)
높이(판갑옷) 47.5cm

 가야국 시조, 김수로왕

　낙동강 하류는 예로부터 땅이 기름져 매년 풍년이 들었는데 이를 감시하기 위해 족장들은 함께 모여 풍년제를 지냈다.

"천제님, 올해도 풍년들게 해주시어 감사합니다."

그때 하늘에서 우렁찬 소리가 천지를 진동했다.

"누가 왔느냐?"

"아홉 족장들이 있사옵니다."

"너희의 정성에 감동받아 선물을 내리겠다. 지금 산 봉우리의 흙을 파면서 거북노래를 불러라. 또한 춤도 반드시 춰야 하느니라. 그러면 너희를 다스릴 사람을 만날 것이다."

▲ 가야 토기

가야 토기는 신라의 토기와 구별되는 고유한 특징이 있다. 이는 일본 토기 제작에 큰 영향을 주었다.

족장들은 일제히 천제의 명대로 행하자, 갑자기 하늘에서 무지개가 나타나면서 보자기에 싸인 궤짝 하나가 내려왔다. 족장들은 궤짝을 향해 절하고 뚜껑을 열어 보았다.

그 속에는 여섯 개의 황금 알이 들어 있었는데, 족장의 우두머리 아도간이 여섯 개의 알을 집으로 가져와 따뜻한 곳에 두었다.

얼마 후 여섯 개의 알에서 남자아이들이 나왔다. 그러나 남자아이들은 순식간에 어른으로 성장했다.

이때 맨 먼저 나온 남자의 이름을 수로라고 짓고, 성은 금궤에서 나왔다고 하여 김씨로 정했다. 아도간은 그를 금관가야 왕으로 추대했다. 그리고 나머지 다섯 아이들도 모두 다섯 가야의 임금이 되었다. 수로는 금관가야의 왕으로서 여섯 가야를 이끌었다.

하루는 김수로왕이 신하들에게 말하였다.

"오늘 왕후가 될 여인이 바닷가에 도착할 것이니 마중하라."

기이하게 생각한 신하들은 바닷가로 달려가자 그곳엔 시종을 거느린 한 여인이 보물을 가지고 도착해 있었다.

"소녀는 16세의 인도 야유타국의 공주랍니다. 성은 허씨고 이름은 황옥입니다. 어느 날 천제님께서 꿈에 나타나 금관가야국 수로왕에게 시집가라고 해서 왔습니다."

김수로왕은 그녀를 맞이해 황후로 삼았다. 또한 김수로왕과 함께 알에서 나온 사내아이들 역시 다른 곳에서 왕이 되었다.

가야연합의 세력이 확장되면서 신라를 위협했으며 일본까지 진출하여 문화를 전파했다. 이와 함께 최초로 낙랑과 대방 등의 한나라 군현과 일본 등지에 철을 수출하기도 했다.

가야는 서기 전후 낙동강 유역에 흩어져 있던 작은 나라에서 시작하였는데 삼한 가운데 하나인 변한이 가야로 발전한 것이다.

가야는 고구려, 백제, 신라와 달리 고대 국가로까지는 발전하지 못하고, 연맹체 국가 단계까지로만 나아갔다. 곧 김해의 금관가야, 고령의 대가야, 함안의 아라가야, 진주의 고령가야, 고성의 소가야, 성주의 성산가야 등 여섯 가야였다.

앞의 설화에서도 알 수 있듯이 처음에는 김해 지역을 중심으로 한 금관가야가 여섯 가야 연맹체를 이끌었다. 금관가야가 있었던 김해 지역에서는 철이 풍부하게 생산되었다. 철은 무기나 농기구의 재료였으므로 그 시대 가장 중요한 자원이었다. 즉 철을 많이 가진 무리가 곧 힘이 센 집단이었던 것이다.

▲ 가야 토기들

그러나 신라 23대 법흥왕 19년에 금관가야를 비롯한 모든 가야국들이 신라에 복속되었다. 가야국의 철기문화와 농업기술은 신라 부흥에 원동력이 되었다. 또한 김유신 장군도 금관가야의 왕족 출신이었고, 가야금의 대명사 우륵 역시 가야 출신이다.

 우륵이 가야 음악을 신라에 전하다

우륵은 대가야의 음악가로서 가야 음악 12곡을 지었는데, 대가야가 멸망하기 직전인 신라 진흥왕 때 가야금을 가지고 신라로 투항하였다. 그는 국원소경, 지금의 충주 땅에서 여러 제자를 길러 가야의 음악을 신라에 전하는 데 이바지하였다.

IV

통일신라와 발해, 그리고 후삼국

한국사	세계사
신라 삼국 통일 676	710 일본 나라 천도
9주 5소경 설치 685	755 당, 안·사의 난
발해 건국 698	771 카롤루스 대제 프랑크 왕국 통일
신라 정전 지급 722	794 일본, 헤이안 천도
불국사와 석굴암 건립 751	
성덕대왕 신종 주조 771	829 잉글랜드 왕국 성립
독서삼품과 설치 788	875 당 황소의 난
장보고 청해진 설치 828	
견훤 후백제 건국 900	907 당 멸망, 5대의 시작
궁예 후고구려 건국 901	911 노르망디 공국 성립
왕건 고려 건국 918	916 거란 건국
고려 후삼국 통일 936	

▲ 칠곡 송림사 5층 전탑, 금제 사리기
신라의 금동 장식과 서역의 유리 장식이 조화를 이루고 있다.

1 신라의 삼국 통일

 고구려가 수·당과 치열한 전쟁을 벌이고 있을 무렵, 신라는 백제와 대립하고 있었다. 이에 신라는 김춘추를 고구려에 보내 도움을 요청하였으나 거절당하였고, 일본에 파견하여 협조를 구하였지만 실패하였다.
 신라는 다시 김춘추를 당에 파견하여 도움을 요청하였다. 당은 수차례에 걸쳐 고구려를 침략할 때마다 패하였기 때문에 신라의 제안을 받아들여 '나·당 동맹'을 맺었다(648년).
 신라는 당의 군사 지원을 얻어내는 대신, 대동강 이북의 땅을 당에 양보하고 당의 문물과 제도를 받아들이기로 약속하였다.

백제의 멸망과 부흥운동

 백제는 금강 하구에서 당군에 패하였으며, 황산벌에서는 계백의 5천 결사대가 신라 김유신의 5만 군사에 맞섰으나 패하였다. 곧이어 사비성이 함락되고(660년) 의자왕과 귀족들 80명, 백성 2,800명

통일신라와 발해, 그리고 후삼국

이 당나라로 끌려갔다.

백제 멸망 후 흑치상지는 임존성에서 복신과 도침은 주류성에서 일본에 있던 왕자 풍을 내세워 백제 부흥운동을 꾀하였다. 그러나 백제를 도우러 왔던 일본의 지원군이 백강(금강)에서 나·당 연합군에 패하고(663년), 백제의 유민들이 일본으로 망명하였다.

고구려의 멸망과 부흥운동

백제를 멸한 후, 나·당 연합군은 수륙 양면으로 고구려를 공격하여 평양성을 함락했다(668년).

당시 고구려는 연개소문이 죽은 후 권력 다툼이 일어나 연개소문의 맏아들 남생이 당에 투항하고 연개소문의 동생은 신라에 투항하는 등 정치적 혼란이 계속되었다.

당나라는 평양에 안동 도호부를 설치하고 고구려의 옛 땅을 지배하려 하였으며, 고구려의 유민들을 당의 여러 지역으로 이주시켰다. 그런 가운데 고연무는 요동 지방에서 당나라군과 싸웠으며, 검모잠은 보장왕의 아들인 안승을 추대하여 고구려 부흥운동을 꾀하였다. 안승이 검모잠을 죽이고 신라에 항복함으로써 부흥운동은 실패하였다.

당나라는 한반도 전체를 지배하기 위해 백제 지역에 웅진도독부, 고구려지역에 안동도호부, 신라 지역에 계림도독부를 설치하였다.

신라와 당의 전쟁

당나라는 백제와 고구려를 멸망시킨 뒤, 백제와 고구려의 옛 땅에 웅진 도독부와 안동 도호부를 두어 다스리고자 하였을 뿐만 아니라 신라 본토에 계림 도독부를 두어 한반도 전체에 대한 지배권을 확보하려 하였다.

이에 신라는 백제, 고구려 유민들과 힘을 합하여 당나라와 정면으로 대결하였다. 신라는 먼저 백제의 옛 땅을 되찾은 뒤, 매소성에서 당의 20만 대군을 물리치고, 금강 하구 기벌포에서 당의 수군을 섬멸하여 삼국통일을 이룩하였다(676년).

신라의 삼국통일은 외세의 협조를 얻었다는 점과, 대동강 이남의 한정된 통일에 그쳤다는 점에서 한계성이 있다.

그러나 신라가 당의 세력을 무력으로 물리친 사실은 삼국통일의 자주적 성격을 보여 주는 것이다.

고구려 유민들은 어디로 갔나?

당나라는 고구려를 멸망시킨 후, 고구려인을 중국 내륙 곳곳에 강제로 이주시켰다. 고구려 유민의 저항이 계속되자, 이를 무마하기 위해 장안으로 끌고 갔던 보장왕을 '요동 도독 조선군왕'으로 임명하여 요동 지방을 관리하게 하였다(677년).

보장왕은 오히려 말갈과 연합하여 고구려 부흥을 꾀하다가 발각되어 유배되었다.

한편, 고구려 유민 중 일부는 신라와 연합하기도 하였다. 고구려 부흥운동을 일으킨 검모잠은 신라에 사신을 보내 충성을 약속하고 지원을 요청하였으며, 안승은 4천여 호를 거느리고 신라에 투항하였다.

요서 지역에 남아 있던 고구려 유민은 말갈족과 함께 고구려의 옛 땅으로 이동하여 발해를 건국하였다.

2 통일신라의 발전

통일 후 신라는 진골 출신으로서 처음으로 왕이 된 김춘추, 무열왕 직계 자손의 왕위 세습이 이루어지면서 왕권의 전제화가 이루어졌다.

무열왕의 뒤를 이은 문무왕은 옛 고구려와 백제 출신도 등용하여 지배체제에 포함시킴으로써 삼국의 백성을 통합해 나갔다.

또한, 제31대 신문왕은 귀족들의 반란(김흠돌, 681년)을 진압하고 왕권을 한층 더 강화해 나갔다. 관리들에게 관료전을 지급하고, 귀족들의 경제적 기반인 녹읍을 폐지하여 귀족의 특권을 제한하는 한편, 교육 기관인 국학을 설치하여 유학을 장려하였다.

▲ 무늬벽돌(경주 오비리)
높이 16.2cm

이러한 과정에서 6두품 출신의 관리들이 성장하여 신문왕의 왕권 강화 정책을 뒷받침하였다.

그를 토대로 제33대 성덕왕 때에 이르러 신라의 전제 왕권은 안정되었다. 그러나 제36대 혜공왕 때에 와서는 귀족들의 반란이 잇따라 일어났고, 그런 와중에서 왕이 피살되면서 전제 왕권은 막을 내리게 되었다.

이때부터 다음 대(제37대 선덕왕~제56대 경순왕) 150여 년 간 신라 조정에서는 왕의 쟁탈전이 전개되어 왕이 자주 교체되었다.

이러한 신라 사회의 모순이 지속되면서 9세기 말 제51대 진성여왕 때는 상주에서 일어난 '원종과 애노의 난'을 시작으로 농민 봉기가 전국적으로 확산되었다.

⇒ 진성여왕 3년(889년), 정부의 조세 독촉으로 인해 농민들의 불만이 폭발하여 9세기 말엽에는 전국적인 규모의 봉기로 확대되었다. 곧, 사벌주 지방에서 원종과 애노를 지휘자로 하는 봉기가 일어난 것을 비롯하여 896년에는 옛 백제 지역에서 붉은 바지를 입은 '적고적'이라는 세력이 경주 부근까지 쳐들어오기도 하였다. 반란군 중에는 원주의 양길, 죽산의 기훤, 전주의 견훤, 그리고 양길의 부하였다가 자립한 궁예의 세력이 강력하였다.

통일신라의 통치 제도

신라가 삼국을 통일한 뒤, 신라는 넓어진 영토와 늘어난 백성, 바뀐 나라의 사정에 맞추어 여러 가지 제도를 새로 마련하였다.

통일 전에는 '화백'이라는 귀족회의에서 나라의 중요한 일을 결정하였으나, 통일 뒤부터는 왕의 힘이 강해졌다. 그래서 왕의 명령

 녹읍과 관료전

녹읍은 관리에게 지급한 토지로, 세금뿐만 아니라 경작 농민까지 지배할 수 있기 때문에 큰 특권이 되었다. 관료전은 녹읍과는 달리 토지에서 세금만 거둘 수 있을 뿐, 농민들을 지배할 권한은 없었다.

▲ 석굴암 본존불 뒤에 있는 십일면 관음보살상

에 따라 일하는 집사부의 위치가 강해졌다. 그 밖에도 관리를 임명하고 각 지역으로 보내는 일을 하는 위화부, 세금과 같이 돈에 관한 업무를 보는 창부, 행사나 외교 업무를 맡아 보는 예부 등 여러 관청을 새로 설치하여 나라의 일을 나누어 맡았다. 오늘날 국무총리 역할을 하는 집사부의 최고 우두머리인 중시가 이러한 부서들을 이끌어 나갔다.

그리고 지방을 다스리기 위한 제도도 갖추어졌다. 통일신라는 옛 고구려, 백제, 신라의 땅에 각각 세 개의 주를 두고 전국을 아홉 개의 주로 나누었다. 주 안에는 군을 두고, 군 아래에는 현을 두었다. '주, 군, 현'은 오늘날의 도, 시, 군, 면과 비슷한 구조로 주, 군, 현에는 각각 도독, 태수, 현령을 임명하여 중앙에서 임명하였다.

현 아래에는 촌을 두었는데, 신라 때와 마찬가지로 그 지방에서 대대로 살아온 세력 있는 사람을 촌주라고 이름 붙이고 그 지방을 다스리게 하였다.

통일신라 시대에는 '모든 땅은 왕의 것이고, 모든 백성은 왕의 신하'라는 생각을 가지고 있었다. 그래서 백성들은 왕의 땅에서 사는 대가로 왕에게 세금을 냈다. 백성들은 정해진 액수에 따라 세금과 특산물을 나라에 바쳤고 나라에서 벌이는 각종 공사에도 나가

 ## 화백회의

통일 이후 골품제의 엄격한 신분 차별 속에서 진골 귀족들은 중앙 관청의 장관직, 지방 장관 등을 모두 차지하고 화백회의를 통하여 국가 정책을 결정하였다.

화백회의는 진골 귀족의 회의기관으로서 의장은 상대등이었고, 만장일치의 의결방식이었다. 그리고 화백회의는 귀족들의 단결을 굳게 하고 국왕과 귀족간의 권력을 조절하는 기능을 담당하였다.

일을 하였다.

　15세부터 50세까지의 남자들은 모두 이러한 일, 부역에 동원되었다. 부역에 동원되는 기간은 일 년에 두 달이 넘지 않았다. 농사일에 지장을 주면 안 되었기 때문에 나라에서는 농사일이 별로 없는 이른 봄과 늦가을에 주로 큰 공사를 벌였다.

 해상의 왕, 장보고

　9세기 중엽 제42대 흥덕왕이 통일신라를 다스리고 있을 무렵, 통일신라와 친하게 지내오던 당나라의 힘이 약해지면서 도적떼가 들끓고 바다에는 해적들이 뱃사람들을 괴롭혔다. 당나라 해적들이 통일신라의 바다에까지 들어와 재물을 빼앗고 사람들을 죽이거나 노예로 잡아갔다.

　이런 어수선한 시기에 장보고는 지금의 완도에서 가난한 어부의 아들로 태어났으며, 어릴 때 이름이 궁복이었다. 그는 두서너 살 아래인 정연과 친하게 지냈다. 두 소년은 넓은 바다를 보면서 꿈을 키웠다. 장궁복은 힘이 세고 사리에 밝았으며 정연은 수영을 아주 잘했다.

▲ 장보고

　그러던 어느 날 밤, 두 소년은 두 달에 한 번 정도 도착하는 당나라 배에 몰래 숨어들었다. 그들은 배가 바다 한가운데쯤 왔을 때 창고에 숨어 있다가 발각되었다. 험상궂게 생긴 선장은 두 소년을 바라보며 물었다.

　"거짓말하면 바다로 던져 버리겠다. 도둑질하러 배에 탔느냐?"

　"아니오! 우리는 당나라로 가서 훌륭한 장수가 되기 위해 배를 탔소."

▲ 장도 청해지 유적
(전라남도 완도군 완도읍 장좌리)

통일신라시대 장보고의 해상 활동 유적지

궁복의 당당함에 선장은 용서해 주었다.

두 소년은 무사히 당나라의 산동반도 등주항에 내렸다. 갈 곳이 없던 두 소년은 늙은 무사를 만나 무예를 닦았다.

세월이 흘러 두 소년은 검술, 창술, 마술, 궁술 등에 통달한 무사로 변했다. 이들은 당나라 무술대회에 참가해 이름을 떨친 다음, 궁복이란 이름을 버리고 장보고로 바꿨다. 무술 실력이 뛰어난 장보고는 당나라 군관을 시작으로 서주지방 무령군 소장으로 발령받으면서 장수가 되었다. 정연 또한 무예가 출중해 장수가 되었다.

당시 당나라 등주에는 신라인들의 집단으로 거주하는 '신라방'이 있었다. 그곳에는 중국과 거래하는 신라 상인들과 공부하기 위해 유학 온 스님들이 기거하고 있었다.

어느 날 장보고와 정연은 들녘으로 나갔다가 신라 소년들이 노예가 되어 있는 것을 목격했다. 감독은 소년들에게 채찍을 휘두르며 심하게 다루었다. 순간 장보고는 분노가 치밀었지만 일단 그 자리에서는 참을 수밖에 없었다. 그리고 소년들을 만나 까닭을 물었다. 그러자 한 소년이 대답했다.

"해적들이 마을로 쳐들어와 우리들을 잡아다가 이곳에 팔아 넘겼어요."

"뭣이! 해적놈들이 그랬단 말이지."

그때 신라 바닷가에는 당나라 해적과 일본 해적들이 수시로 침입해 약탈을 일삼았다. 이런 사실을 알게 된 장보고는 소년들을 노예에서 구해 주었다.

그리고 다음 날, 장보고는 당나라 조정에 해적을 소탕하고 억울하게 잡혀와 팔린 신라 노예들을 풀어달라고 청했다. 때마침 당나라 조정도 해적들의 행패로 골치가 아팠기 때문에 그의 청을 받아

주었지만 그렇게 신통하게 움직이지 않았다. 그러자 장보고는 정연에게 말했다.

"우리가 신라로 돌아가서 해적을 소탕하자."

장보고의 말에 정연은 반대를 했다. 그렇지만 장보고는 당나라 벼슬을 버리고 20년 만에 신라로 돌아와 흥덕왕을 찾아갔다.

"대왕마마, 신라 소년들이 해적들에게 잡혀 노예로 팔리고 있습니다."

왕은 장보고의 말에 깜짝 놀랐다. 여태까지 신라 조정에서는 아무것도 모르고 있었기 때문이다.

흥덕왕 3년 여름, 왕은 장보고에게 1만 군사를 주어 해적들을 소탕하게 했다. 그러자 장보고는 완도에 군사 기지를 설치하였다. 이곳은 당나라와 일본을 잇는 중요한 길목이었다. 그때에는 완도를 청해진이라 불렀기 때문에 장보고의 기지를 '청해진'이라고 했다.

828년 4월, 청해진 대사로 임명된 장보고는 신라의 해상 교통을 살피면서 군사를 훈련시키는 한편 바다를 누비며 해적들을 몰아냈다.

"배는 다른 군선보다 크게 만들어야 한다. 특히 배 양쪽에는 공격할 수 있는 뚜껑을 만들어 열고 닫을 수 있게 하라."

날이 갈수록 크고 튼튼한 군선이 계속 만들어졌다. 더구나 그는 훈련시킨 수군을 배에 태워 작전연습을 쉼없이 실시한 다음 바다로 출전했다. 때마침 바다 저편에서 해적선이 나타났다.

"해적선이다. 해적선!"

"적선의 수가 얼마나 되는지 빨리 보고하라."

"해적선의 수가 매우 많습니다."

"그러면, 열 척만 나를 따르고 나머지는 이곳에서 대기하라."

장보고의 배가 해적선 쪽으로 향하자 그들은 굶주린 짐승처럼 덤벼들었다. 그러자 장보고는 뱃머리를 순간적으로 돌려 달아나는 작전을 펼쳤다. 그리고 얼마 후 모든 군선들에게 작전명령을 내렸다.

> 장보고는 청해진을 근거지로 중국, 신라, 일본을 잇는 무역로를 장악하여 부와 명성을 얻었다. 그러나 신라 왕족의 권력다툼에 휘말려 암살당하고 말았다.

"배를 양쪽으로 나누었다가 해적선이 한가운데로 몰리면 총공격하라!"

장보고가 해적선을 한가운데로 유인하자 양쪽에 대기하고 있던 군선들이 일제히 공격했다. 군선들의 총공격에 해적선들은 도망치려고 했지만 결국 바다 속으로 빠져 모두 죽고 말았다.

완벽한 첫 승리로 신라 수군의 사기는 하늘을 찔렀다. 그 뒤부터 장보고가 거느린 군선은 청해진을 중심으로 해상 왕국을 만들어 당나라의 해적이든 일본의 해적이든 모조리 몰아냈다. 이에 해적들은 장보고란 이름만 들어도 멀리 도망쳤으며, 신라 어선들은 마음놓고 바다에 나갈 수 있게 되었다.

이처럼 장보고는 신라와 당나라와 일본의 삼국 무역을 안전하게 도왔을 뿐만 아니라 무역권도 손에 쥐어 바다의 영웅으로 떠올랐다.

그러나 846년 안타깝게도 신라 왕족의 권력다툼에 휘말려 장보고는 왕족 일파가 보낸 염장에게 암살당하고 말았다. 장보고가 죽자 청해진 역시 소멸되었고, 또다시 해적과 왜구들이 약탈을 감행했다.

▲ 청해지 진지터

 처용의 비밀

신라 제49대 헌강왕이 동해를 시찰할 때 갑자기 구름과 안개가 뒤덮여 사방이 캄캄해졌다. 그러자 헌강왕은 기상변화에 대해 천문관측과 점성(占星)을 담당하던 관원, 일관(日官)에게 물었다.

"이것은 동해 용왕의 조화로 대왕께서 선행을 베풀어야만 풀어집니다."

이에 헌강왕은 용왕을 위해 그곳에 사찰을 짓도록 명하는 순간 구름과 안개가 걷혔다. 그때 용왕은 일곱 명의 아들과 함께 나타나 춤을 추자 헌강왕이 물었다.

"용왕님, 어느 나라의 춤입니까?"

"선정을 베푸는 대왕님의 덕을 칭송하기 위해 추는 춤입니다."

헌강왕이 돌아가려는 순간 용왕의 아들 중 한 명이 말했다.

"제 이름은 처용입니다. 부왕의 명으로 신라의 신하가 되겠습니다."

헌강왕과 함께 궁전으로 돌아온 처용은 왕의 배려로 아내를 맞이했고, 급간이란 벼슬까지 하사받았다. 이런 기쁜 마음에서 처용은 춤을 추었는데 이것이 바로 '처용무'이다.

어느 날 처용은 늦은 밤까지 춤을 춘 뒤 집으로 돌아왔는데 아내가 다른 남자와 함께 있었다. 그러자 처용은 두 사람을 위해 춤을 추며 노래를 불렀다.

◈ **처용가**

신라 사람으로 변하여 처용의 아내와 동침하던 역신이 이 노래를 듣고 탄복했다함.

'서라벌 달 밝은 밤에
밤새 노닐다가
돌아와 보니
다리가 넷이구나
둘은 내 것인데
둘은 누구 것인고?
본디 내 것이었지만
빼앗긴 것을 어찌하리.'

▲ 무늬벽돌(경주 안압지)
길이(오른쪽) 31.0cm

이 노랫소리를 들은 남자가 갑자기 벌떡 일어나 처용 앞에 무릎을 꿇고 말했다.

"저는 사람으로 변신한 역신입니다. 공의 아내와 함께 있었는데도 공은 화내지 않고 춤을 추며 노래를 불렀습니다. 공의 너그러움에 감탄했습니다. 다음부터 우리 역신들은 공의 초상화만 봐도 그

통일신라와 발해, 그리고 후삼국

집에는 절대로 들어가지 않겠습니다."

이때부터 사람들은 자기들의 집 대문에 처용의 모습을 그려 붙였는데, 이것이 풍습으로 전해졌다.

 불국사와 석굴암, 그리고 김대성

> 탑은 부처의 사리를 받들고 예배하기 위해 세운 불교 건축물이다.

신라 제32대 효소왕 때의 일이다. 어느 날, 재상 김문량의 집을 향해 하늘에서 큰소리가 들렸다.

"모량리의 대성이가 지금 네 집에 환생하리라!"

이 말에 집안 사람이 놀라서 모량리로 사람을 보내 알아보니 과연 대성이가 조금 전에 죽었다고 했다. 이로부터 문량의 부인이 임신하였다.

대성은 모량리 경조라는 가난한 여인의 외아들이었다. 대성이란 이름은 머리가 크고 이마가 성처럼 평평하다고 하여 지어진 것이다.

> 불국사는 건물과 석탑을 조화롭게 배치하여 말그대로 '불교의 나라'를 표현하였다.

어느 날 스님이 찾아와 시주를 청하자 그의 어머니는 시주를 할 것이 없다고 했다. 그러자 대성이가 어머니에게 말했다.

"제가 문간에서 축원하는 스님의 말을 들으니 하나를 시주하면 만 배를 얻는다고 하였습니다. 우리가 품팔이로 얻어 경작하는 밭을 시주하여 후세의 복을 얻음이 어떻습니까?"

어머니도 좋다고 하였다.

흥륜사 육륜회에 약속한 것을 시주로 바치는 순간 대성이가 죽은 것이다. 김문량은 괴이하다고 생각했는데 그날 밤 그의 부인이 임신하여 사내아이가 태어났다. 그 아이는 왼손을 꽉 쥐고 펴지 않다가 7일 만에 손을 폈는데, 손 안에 대성이란 두 글자가 새겨져 있었다. 그래서 아들 이름을 대성이라고 지었다.

즉 15세에 죽은 모량리의 대성이가 김문량의 아들로 다시 태어난 것이다. 청년이 된 대성은 토함산으로 사냥을 나갔다가 곰 한 마리를 잡았지만, 날이 저물어 그곳에서 잠을 잤다.

대성이 꿈속에 죽은 곰이 나타나 죄 없는 자신을 죽였다며 원수를 갚겠다고 벌렸다. 그러자 대성은 곰에게 용서를 빌었다. 이에 곰은 자신이 죽은 자리에 사찰을 지어 주면 용서하겠다고 했다.

잠에서 깨어난 후 대성은 사냥을 금지하고 곰을 잡았던 자리에 장수사를 지었다. 그리고 현세의 부모를 위하여 불국사를 짓고, 전세의 부모를 위하여 석굴암을 지었다.

▲ 불국사

석굴암은 사람이 직접 바위를 깎아 동굴 만든 다음, 그 속에 부처님을 조각한 불상을 모셨다. 불상과 벽에 새긴 여러 모양의 조각은 세계 최고의 아름다움을 자랑한다.

더욱 놀라운 것은 수학적으로 철저히 계산한 뒤에 석굴과 불상을 지었기 때문에 구조가 튼튼하고 균형과 대칭이 정확히 들어맞을 뿐만 아니라, 1200여 년이 넘은 동안 석굴 안에 습기가 차지 않고 이끼가 끼지 않아 통일신라 사람들의 뛰어난 과학성을 잘 나타낸다.

▲ 석굴암 본존불

 그림자 없는 무영탑

불국사 대웅전 앞뜰에는 석가탑과 다보탑이 마주보고 서 있다. 석가탑에는 애틋한 사랑의 전설이 서려 있다.

백제 사비성에 살고 있는 뛰어난 석공 아사달과 아사녀가 혼인했지만 그는 석탑을 세우기 위해 신라로 불려 왔다.

"아사녀, 석탑을 완성하는 즉시 돌아오겠소."
"서방님께서 무사히 돌아오시기를 부처님께 빌겠습니다."
서라벌에 도착한 아사달은 부처님께 간절히 빌었다.
"부처님, 이 세상에서 가장 훌륭한 탑을 세우도록 해주십시오."
고향을 떠난 지 3년이 되었다. 하지만 아사달이 돌아오지 않자 아사녀가 직접 서라벌로 찾아왔다.

▲ 경주 불국사 3층 석탑

이 무렵 석가탑은 거의 완성단계에 있었다. 서라벌에 도착한 아사녀가 스님에게 남편을 만나게 해 달라고 부탁했다. 그렇지만 스님은 탑이 완성될 때까지 만날 수 없다고 했다.

아사녀는 무작정 영지로 불리는 연못가에서 남편을 기다리기로 했다. 그것은 탑이 완성되면 그 모습이 연못에 비친다는 말을 들었기 때문이다. 아사녀는 날마다 연못으로 가서 탑이 물에 비치기만을 고대했다.

그러다 어느 날, 아사녀는 연못에 비친 탑의 그림자를 보고 그만 남편을 만나는 환상에 빠져 연못에 몸을 던지고 말았다.

그러나 이 사실을 모르는 아사달은 탑이 완공되자 아내를 만나기 위해 떠날 채비를 했다. 이때 아사달에게 아사녀가 연못에 빠져 죽었다는 소식이 전해졌다.

▲ 경주 불국사 다보탑

아사달은 곧장 연못으로 달려가 아내의 이름을 부르며 울부짖으며 그 자리에서 떠날 줄 몰랐다. 그러다가 아사달은 커다란 바위에 아사녀의 모습을 새기기 시작했다.

괴로움과 혼란 속에서 아사달이 새긴 아사녀의 모습은 점차 자비로운 미소를 담고 있는 부처상이 되어갔다. 아사녀와 부처의 모습이 한데 어우러진 불상이 완성되는 날 아사달도 영지에 몸을 던지고 말았습니다. 그 후 탑의 그림자가 비치지 않았다하여 석가탑은 '무영탑(그림자 없는 탑)' 이라고 불렸다.

 신라 최대의 학자, 최치원

최치원은 신라 골품제에서 6두품 출신으로 857년에 경주에서 태어났다. 그가 태어날 무렵에는 통일신라가 기울어지는 시기로 반란과 민심이 흉흉했다.

그는 4살 때부터 아버지에게 글을 배웠는데, 그의 부친은 아들의 글재주에 감탄했다. 868년 최치원은 12세의 어린 나이로 중국 당나라에 유학을 떠나게 되었을 때 아버지가 말했다.

"10년 동안 과거에 합격하지 못하면 내 아들이 아니다."

그러나 최치원은 유학을 온 지 6년이 되면서 그의 스승은 과거를 권했다. 최치원은 18세 때 당나라 과거인 빈공과에서 급제를 했다.

당시 과거 시험관이었던 예부시랑 배찬은 당나라 소년이 아닌 신라의 유학생이란 것을 알고 놀랐다. 876년, 최치원은 당나라 강남도 선주 표수현의 현위벼슬에 제수되었다. 이때 백성들은 나이가 어린 신라청년이 부임하자 놀랐다. 그는 표수현에서 근무하면서 『중산복궤집』 5권을 집필했다.

능력이 출중한 그는 당나라의 시기와 모함에 환멸을 느껴 벼슬을 버리고 학문에 매진했다. 이 무렵 당나라는 홍수로 인해 황하의 범람으로 민심이 흉흉해지면서 도둑떼까지 들끓었다.

▲ 최치원

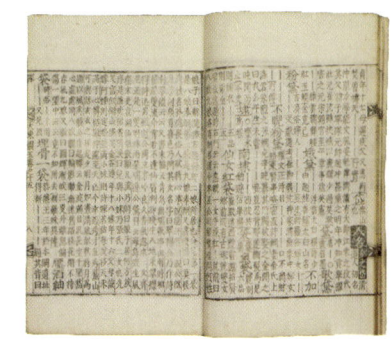
▲ 최치원 설화

통일신라와 발해, 그리고 후삼국 121

황소가 산동에서 반란을 일으켜 광주를 거쳐 장안까지 진격해왔다. 당나라 황제 희종이 고변에게 반란군을 토벌하라고 명하자 그는 최치원을 종사관으로 불러 서기의 책임을 맡겼다. 고변은 당나라에 귀화한 고구려 출신 장수 고순문의 손자였다. 하지만 고변이 패하면서 희종은 남쪽으로 피신했다. 이에 고변은 최치원에게 이런 말을 했다.

"최 공, 당나라는 황소에게 망하게 생겼소. 방법이 없겠소?"

그러자 최치원은 포고문과 선전문을 동시에 썼고 「토황소 격문」까지 썼다.

'천하 모든 백성들은 그대가 죽어야 마땅하다고 생각한다! 더불어 땅 밑에 있는 귀신들까지 그대를 이미 죽이기로 결정했다.'

이 격문을 본 황소는 깜짝 놀라 후퇴했고, 고변은 이때를 놓치지 않고 도망가지 못한 반란군의 잔당들을 소탕했다. 장안으로 환궁한 희종은 격문 한 장으로 황소의 난을 평정했다며 최치원을 칭찬했다.

반란이 평정되자 최치원은 『계원필경』을 집필했으며, 882년 희종은 그에게 벼슬을 내리면서 어대까지 하사했다. 그러나 또다시 당나라 학자들의 모함을 받아 외딴 섬으로 귀양 갔다.

29세 때 귀양살이에서 풀려나면서 17년 만에 당나라를 떠나 신라로 귀국했다. 헌강왕은 귀국한 최치원에게 시독 겸 한림학사란 벼슬을 내렸다.

헌강왕이 죽고 정강왕이 뒤를 이었지만 아쉽게도 2년 만에 죽었다. 이에 신라 조정은 어지러웠고 행실이 부적절한 여왕 때문에 간신들이 활개를 쳤다.

이에 최치원은 스스로 지방관직을 택해 890년부터는 대산군(전북 태인), 천령군(경남 함양), 부성군(충남 서산) 태수를 거치면서 학문 연구에 힘썼다.

그러다가 894년 당나라 사신으로 임명되었지만 나라가 어지러워

▲ 도깨비장식문고리
(경주 안압지)
길이 13.4cm

떠날 수가 없었다.

진성여왕 8년, 최치원은 『시무책』 10여 조를 지어 여왕에게 바쳤다. 이에 여왕은 그에게 직접 정책을 펴며 6두품의 신분으로서는 최고의 관등인 아찬 벼슬을 하사했다. 그러나 『시무책』은 관청에 전달조차 되지 않았다.

당시 신라에는 어떤 집안에서 태어났느냐에 따라 등급을 나누어 사람을 차별하는 골품제도가 있었다.

최치원은 진골 아래 등급인 6두품이었다. 6두품 귀족들은 능력이 있어도 높은 벼슬에 오를 수 없고 17관등으로 나누어진 벼슬 중에서 여섯 번째인 아찬까지만 오를 수 있었다. 이에 최치원은 골품제도에 반대하여 과거 시험을 통해서 인재를 뽑자고 주장하였지만 왕과 진골 귀족들은 최치원의 주장을 받아들이지 않았다.

조정이 무능하고 부패해 백성들은 궁예나 견훤을 찾아갔다. 이에 따라 여왕이 왕위를 헌강왕의 서자 요에게 물려주자 그는 신라 52대 효공왕으로 즉위했다.

신라의 멸망을 알아차린 최치원은 스스로 벼슬을 내놓고 방랑생활을 시작했다. 처음 금오산을 시발로 쌍계사, 청량사, 해운대 등을 거쳐 가야산 해인사로 들어가 머물렀다. 그렇지만 그가 언제 어떻게 죽었는지에 대해 아는 사람이 아무도 없다. 산수간에서 방랑하다가 죽었다고도 하며 혹은 신선이 되었다는 속설도 전한다.

『삼국사기』 최치원 편에 보면, 고려 왕건에게 편지를 보냈는데, 그 가운데 "계림은 시들어가는 누런 잎이고, 개경의 곡령은 푸른 솔"이라는 구절이 들어 있어, 신라가 망하고 고려가 새로 일어날 것을 미리 내다보고 있었다고 한다.

▲ 성덕 대왕 신종

삼국 시대의 불교

▲ 서산 마애 삼존불
(백제)

고구려·백제·신라 삼국은 고대 국가를 형성하면서 새로운 국가 이념으로 불교를 선택하였으며, 유교 또한 나라를 다스리는 데 필요하다 하여 적극 장려하기에 이르렀다.

고구려는 소수림왕 때인 372년, 중국 전진의 승려 순도가 와서 불상과 불경을 전해 주었다. 백제는 고구려보다 12년 늦은 384년에 동진의 승려 마라난타를 통해 불교를 받아들이게 되었다. 그리고 신라는 삼국 중 가장 늦은 법흥왕 때 이차돈의 순교를 계기로 불교가 공인되었다.

그러나 불교가 처음 전해질 때부터 백성들 사이에 널리 퍼진 것은 아니었다. 왜냐하면 처음 고대 국가를 세울 때 국가나 왕실에서 필요하다고 생각하여 받아들인 것이기 때문이다.

고대 국가에서는 신화만 가지고 더 이상 사람들을 따르도록 하기가 힘들어지자 모든 신하와 백성이 믿고 따를 수 있는 새로운 지배 이념이 필요하였다. 그때 필요한 것이 종교였다.

그 무렵 동아시아에서 가장 수준 높은 종교가 바로 불교였다. 그래서 왕실에서는 불교를 적극적으로 받아들이려고 하였다. 그러나 신하와 백성들은 여전히 조상신과 산천신을 믿었다. 특히 신하들은 불교가 왕에게 유리하게 이용되면 자신들의 힘이 약해질 수 있다고 생각하여 절을 짓고 불상을 모시는 것에 반대하였다.

이처럼 불교를 적극적으로 받아들이려고 하는 왕실과 반대하는 신하들 사이에서 일어난 일이 바로 이차돈의 순교이다. 특히 새하얀 피가 하늘로 솟구친 기적은 불교를 장려하는데 얼마나 큰 영향을 끼쳤는지 잘 알 수 있는 대목이다.

신라의 법흥왕은 왕권을 강화하기 위해 불교를 널리 전파하고자 하였으나 신하들이 지금까지 섬겨 오던 조상신과 산천신만 믿으려 하고 새로이 들어온 불교는 반대하여 항상 근심에 싸여 있었다.

이때 이차돈은 왕과 함께 그 상황을 타개할 방안을 강구했다. 이차돈은 자신의 목숨을 바쳐 순교함으로써 불교를 융성시키고자 했다. 그러나 왕은 아무 죄없이 무고한 사람을 죽이는 것은 도리가 아니라고 했다.

"비록 신이 죽더라도 불교를 널리 전파하게 된다면 유감이 없겠습니다."

이차돈은 계속해서 불교 전파를 위해 순교하기를 간청하였다. 그리하여 이차돈은 왕과 비밀리에 약속한 뒤 왕명을 가장하여 귀족들이 신의 장소로 여기는 청경림에 나무를 베어 버리고 절을 크게 짓는 공사를 벌였다. 그러자 신하들은 왕에게 공사를 중지시키고 이차돈을 죽여야 한다고 간언하였다.

이처럼 여러 신하들의 주청이 잇따르자 왕은 이차돈을 크게 꾸짖으며 목을 베라고 명령했다.

이차돈은 죽기 전 '내가 죽으면 기적이 일어날 것이다' 라며 크게 외친 후, 마음속으로 이렇게 기도했다.

"대왕께서 불교를 일으키도록 제 목숨을 바치오니, 하늘은 굽어 살피소서."

마침내 그의 목을 베니 머리가 하늘을 날아 금강산(경주 북쪽)에 떨어지고 잘린 목에서는 새하얀 피가 하늘로 솟구쳐 올랐으며, 순간 주위가 어두워지고 하늘에서는 빗방울이 꽃잎처럼 떨어졌다. 그러자 귀족들이 모두 두려워 겁에 질린 채 벌벌 떨었으며, 왕은 이차돈의 죽음을 슬퍼하였다.

이 일 이후부터는 어느 누구도 불교를 받아들이려는 왕의 명령에 반대하지 못하였다. 그리고 신라에도 불교가 널리 퍼지게 되었다.

고구려는 372년 소수림왕 때 백제는 384년 동진의 승려 마라난타를 통해, 신라는 가장 늦은 법흥왕 때 이차돈의 순교로 불교를 받아들였다.

▲ 금동 계미명 삼존불
(삼국 시대)

통일신라와 발해, 그리고 후삼국

이차돈이 공사를 벌였던 곳에는 흥륜사라는 절을 지어 이차돈의 넋을 기렸다.

불교에 대한 삼국의 특징은 왕실에서부터 먼저 불교를 받아들여 많은 탑과 절을 세우고, 절과 승려에게 많은 토지와 노비를 내렸을 뿐만 아니라 불교가 널리 퍼지도록 앞장서서 노력하였다.

그러므로 불교는 자연스럽게 왕실의 권위를 높이는 데 도움을 주었다. 그리고 승려들은 높은 지위를 인정받으며 나라의 안녕과 전쟁의 승리를 빌어 주었으며 백성들을 가르치고 이끄는 등 왕실에 충성을 다했다.

❖ 독서삼품과
국학 졸업생의 유교 경전 이해능력을 평가하여 상·중·하의 3등급으로 구분하고 성적에 따라 관리로 선발하는 제도

❖ 이두
우리 글자가 없던 시절 우리말을 표기하기 위해 사용되었다. 예를들면 '개똥이'라는 우리말을 표기할 때, 한자의 음을 빌려 介同二(개동이)'라고 표기하는 방식이다.

❖ 빈공과
당나라에서 외국의 유학생을 대상으로 시행한 과거 시험

삼국 시대의 유교

고구려·백제·신라에서 불교가 널리 퍼진 것처럼 그에 못지않게 유교도 중요하게 생각하였다. 유교는 나라와 왕에게 충성할 것을 강요하였다. 이것은 '임신 서기석'에 새겨진 두 소년의 맹세에서도 잘 나타나 있다. 「임신 서기석」은 신라의 두 소년이 열심히 공부하기로 굳게 약속하고, 그 내용을 돌에 새긴 비석이다. 그리고 화랑도의 세속 오계 또한 진평왕 때 원광이 지어 왕에게 충성을 다할 것을 강조하고 있다.

고구려는 소수림왕 2년(372)에 '태학'이라는 학교를 수도에 세워 중앙 귀족의 자제들에게 유교를 가르쳤다. 또 지방에는 '경당'이라는 학교를 세워 일반 백성의 자식들에게 책읽기와 활쏘기를 가르쳤다. 그리고 중국에서 유교의 경전을 들여와 열심히 읽게 하였다.

백제에서도 일찍부터 유교 경전과 역사책을 읽었다. '박사'라는 관직을 두어 사람들을 가르치게 하였고, 성왕 때에는 중국에 사신을

보내 유교 경전을 가르칠 사람을 보내달라고 요청하기도 했다.

특히 백제는 일본에 유학을 전하는 데 큰 역할을 하였다. 그 중에서도 왕인이 일본에 『천자문』과 『논어』를 전했다.

신라는 유교도 늦게 전해졌다. 그렇지만 세속 오계나 「임신 서기석」에서 볼 수 있듯이 유교의 사상이 이미 사람들 사이에 빠르게 퍼져 나가서 유교에 대한 지식은 상당히 깊었다. 그리고 청소년들이 『시경』, 『서경』, 『예기』, 『춘추』와 같은 책을 익히고 나라에 충성할 것을 강조하여 훌륭한 화랑을 많이 배출했으며 삼국을 통일하는 데 큰 버팀목이 되었다.

삼국을 통일한 신라는 기존의 골품제도만으로는 새로 유입된 고구려, 백제의 영토와 유민을 지배하는 데 한계가 있었다. 그리하여 정치적으로 이러한 역할을 수행해 줄 수 있는 새로운 중간 지배 계층이 필요로 하게 되자, 신문왕 2년(682)에 당의 국자감을 본떠 '국학'을 설립했다. 국학에 재학할 수 있는 나이는 15세부터 30세까지로 재학 기간은 9년을 원칙으로 공부하였다.

원성왕 때에는 독서삼품과라는 과거 시험을 통해 관리를 뽑기도 하였다. 그 시대에는 학문의 깊이와는 상관없이 골품에 따라 관리가 되었기 때문에, 이처럼 시험을 쳐서 성적에 따라 관리를 뽑는 것은 매우 획기적인 일이었다. 그러나 얼마 뒤 독서삼품과는 진골 귀족들의 반대로 폐지되었다.

유학이 발달함에 따라 뛰어난 학자들이 많이 나왔는데 강수, 설총, 김대문 같은 이가 그들이다. 원효대사의 아들인 설총은 유교 경전에 능하였고, 한자를 풀어 우리말로 적는 '이두'를 개발하였다.

삼국 통일 뒤부터는 왕권이 강화되고 행정 조직이 늘어나고 여러 제도가 갖추어지면서 많은 관리들이 필요하게 되었다.

이 밖에도 관리를 임명하고 각 지역으로 보내는 일을 하는 '위화부', 세금과 같이 돈에 관한 업무를 보는 '창부', 행사나 외교 업무

❖ **유학의 보급과 학문의 발달**

통일신라에서는 불교가 지배적인 종교였다. 왕권 강화와 국가 체제의 안정을 꾀하기 위한 정치이념으로 유학이 강조되었다.

를 맡아 보는 '예부' 등 여러 관청을 새로 설치하여 나라의 일을 나누어 맡았다. 오늘날 국무총리 역할을 하는 집사부의 최고 우두머리인 중시가 이러한 부서들을 이끌었다.

'집사부'는 진덕여왕 때 설치된 기관으로, 왕의 명령을 집행하고, 중요한 기밀을 담당하였다. 집사부 장관은 중시였는데, 경덕왕 때 그 명칭을 시중으로 바꾸었다.

 무덤속의 고분 벽화

▲ 장군총
중국 길림성 집안현 통구의 용산에 있는 대표적인 고구려의 적석무덤

▲ 천마총 장니 천마도
경주 천마총에서 출토된 마구장비에 그린 장식화

고구려 사람들은 돌을 높이 쌓아 돌무지 무덤을 만들었다. 이후 흙무덤으로 바뀌었는데, 돌무지 무덤은 만주의 지안 일대에 남아 있으며 장군총이 대표적이다. 장군총은 모두 7층 높이로 만들었는데 한 변의 길이가 31.58m이고 높이는 12.4m에 이른다.

백제는 고구려에서 내려온 사람들이 세운 나라였기 때문에 초기에는 고구려처럼 돌무지 무덤을 만들었다. 그 대표적인 것이 서울에 있는 석촌동 고분군이다. 수도를 공주로 옮긴 뒤에는 무령왕릉처럼 벽돌 무덤을 만들었고, 다시 부여로 옮긴 뒤에는 능산리 고분군처럼 굴식 돌방 무덤으로 그 양식이 바뀌었다.

신라 사람들은 나무로 큰 곽을 만들고 흙과 돌로 커다랗게 봉분을 세운 돌무지 덧널 무덤을 만들었는데, 무덤 속에는 금으로 만든 왕관을 비롯하여 수백 점의 귀금속과 화려한 유물들을 함께 묻었다.

돌무지 덧널 무덤의 이름도 제각각이었다. 천마도가

그려진 말안장이 나와서 천마총, 금으로 된 방울이 나와서 금령총, 발굴할 때 스웨덴 황태자가 방문했다고 하여 서봉총, 부부가 함께 묻혔다고 하여 부부총이라는 이름들이 붙여졌다.

그러나 불교가 전해진 뒤에는 다시 한 번 무덤의 형태가 바뀌었다. 시신을 땅에 묻지 않고 불에 태운 뒤, 남은 뼛가루만 조그만 항아리에 넣어 땅에 묻었다. 그 뒤로부터 고려 시대에는 화장을 하는 일이 많아졌다.

▲ 무용총 수렵도
고구려의 씩씩한 기상을 보여준다

3 발해

 발해의 건국

고구려 멸망 이후 유민들은 요동 지방을 중심으로 당나라에 대한 투쟁을 계속하였다. 당은 그곳의 고구려 유민을 효과적으로 통치하기 위하여 보장왕을 요동 도독으로 임명하는 등의 회유책을 썼으나 오히려 고구려 유민들에게 동족 의식을 더욱 강화시키는 결

발해 왕조의 계보

| 1대 고왕 698~719 | 2대 무왕 719~737 | 3대 문왕 737~793 | 4대 폐왕 793 | 5대 성왕 793~794 | 6대 강왕 794~809 | 7대 정왕 809~812 | 8대 희왕 812~817 |
| 9대 간왕 817~819 | 10대 선왕 819~830 | 11대 이진왕 830~857 | 12대 건황왕 857~871 | 13대 현석왕 871~894 | 14대 위해왕 894~906 | 15대 인선왕 906~926 | |

과를 가져왔다.

　이러한 배경에서 고구려 출신인 대조영은 고구려 유민과 말갈인을 이끌고 길림성의 돈화시 동모산을 중심으로 나라를 세웠다(698년). 그리하여 남쪽의 신라, 북쪽의 발해가 함께 발전한 남북국의 형세를 이루게 되었다.

발해의 성장과 발전

　발해는 8세기 초 무왕 때, 동북쪽으로 영토를 확장하였고, 장문휴에게 수군을 이끌고 가서 당나라의 산동 지방을 공격하게 하였다. 이에 당나라는 신라에게 군사를 내어 발해를 공격하도록 하고 요서 지방에서 발해군을 공격하였다. 발해는 이에 맞서 돌궐과 일본 등과의 교류를 강화하여 당과 신라를 견제하였다.

　8세기 중반 문왕 때부터는 당과의 적대 관계를 끝내고 친선 관계를 맺었으며, 당나라의 문물을 본받아 국가 체제를 정비하였다.

　신라와는 신라도를 열어 교류하였으며, 수도를 중경에서 상경으로 옮기는 등 통치 체제 정비를 반영하였다.

　9세기에 이르러 발해는 크게 융성하였을 뿐만 아니라 광대한 영토를 효과적으로 통치하기 위하여 지방 행정 조직을 정비하였다. 이로 인하여 발해는 '해동성국'이라는 칭호를 듣기에 이르렀다.

　그러나 10세기 초에 귀족들 간의 내분이 일어나고 국력이 약화된 상황에서 거란의 침략을 받아 멸망하였다(926년).

　발해의 멸망 이후 고구려 유민들은 고려로 망명하였고, 왕건은 이들을 우대하여 동족 의식을 보여 주었다.

　발해가 230여 년 동안 지속될 수 있었던 이유는 경제적 발전 때

> **대조영**은 고구려 유민과 말갈족을 이끌고 동쪽으로 이동하였다. 또한 대조영은 추격해 오는 당군을 요동 동북쪽의 천문령에서 물리쳤다.

문이었다. 인삼·우황·황명 등 약재류의 해외 수출이 활발하였고, 고도의 기술이 필요한 포와 면 등의 직물 산업이 발달하였으며 철 생산 등이 활발하게 이루어졌다.

발해는 고구려 문화를 바탕으로 당나라의 문화를 받아들이고, 말갈 문화를 흡수하여 발전시켰다. 오랜 기간 수도였던 상경성에는 당나라의 수도 장안성과 비슷한 구조로 설계되었다.

발해에서는 불교 예술이 발달하여 상경의 절터에 남아 있는 석등은 거대하고 웅장한 것이 고구려의 힘찬 기상과 그를 이은 발해의 자신감이 느껴진다.

그 외에도 연꽃무늬 기와와 석탑, 불상에도 고구려 문화를 계승하고 있으며, 특히 정혜공주 묘로 대표되는 굴식 돌방무덤이나 온돌 유적은 고구려의 특징을 보여주는 반면, 벽돌무덤인 정효공주 묘는 당나라와 고구려의 요소를 동시에 갖고 있다.

 발해를 세운 대조영

발해의 건국은 고구려가 망한 후, 만주 지역을 우리 민족의 활동무대로 유지하였다는 데 큰 의의가 있다.

당나라는 고구려를 멸망시킨 후 그 유민들을 강제로 분산시켜 세력을 일으키지 못하게 하였다. 그러나 영주 땅에 있던 고구려 유민들은 잃어버린 옛 고구려를 부흥시키기 위해 10년 동안 수많은 핍박을 받으며 당나라에 반기를 들었다.

당나라는 고구려 백성과 거란족을 비롯해 말갈족 등 10여만 명을 영주로 이주시켰다. 그러자 거란족은 반란을 일으켜 영주를 점령하였다. 이에 고구려 유민들은 대조영의 지도 아래 말갈족과 더불어 당나라의 지배에서 벗어나 동으로 이동하였다.

당나라는 거란족을 멸망시킨 후, 당나라에 항복한 이해고와 당나라 군사가 대조영을 공격해 오자 천문령에서 그들을 맞아 싸워 크게 격파하였다.

　신라가 통일을 이룩한 뒤, 고구려의 옛 땅인 만주 지역에서는 새로이 고구려의 뒤를 이은 발해가 일어섰다. 그리하여 남쪽에는 신라가, 북쪽에는 발해가 자리잡아 명실공히 남북국 시대를 열었다.

　고구려 유민의 지도자 대조영은 698년 중국 길림성 돈화 부근 동모산에서 나라를 세운 후 나라 이름을 '진', 연호를 '천통'으로 정했다. 대조영은 유민들에게 외쳤다.

　"우리는 고구려의 후손이다! 이제 우리는 고구려를 되찾고 그 정신을 이어받기 위해 이 땅에서 다시 일어섰다!"

　진의 세력이 커지자 705년 당나라는 시어사 장행급을 사신으로 보내 화해를 청했다. 그러자 대조영은 답례로 아들 대문예를 당나라로 보냈다. 이로써 진은 평화가 지속되었다.

　대조영은 713년 당나라로부터 발해군왕으로 봉해지면서 나라 이름을 '나라의 위세가 사방에 떨친다'는 뜻으로 '진'이라고 하였다가, '옛 고구려와 같이 멀리 서쪽 연안까지 국력이 미칠 것을 희망한다'는 뜻으로 '발해'로 바꾸었다. 그 후 발해는 고구려의 옛 땅을 거의 되찾으면서 '해동성국'을 이룩했다. 이로써 대조영은 21년 동안 나라의 기반을 튼튼히 닦았다.

▲ 발해의 석등

　대조영은 당나라 문화를 받아들여 그들만의 독특한 문화로 발전시켰는데, 불교적인 색채가 주류를 이루었다.

　수도 상경 주변에는 40여 리나 되는 토성이 있었는데, 이 성은 내성과 외성으로 되어 있고 중앙에는 주작대로를 중심으로 시가지가 구성되어 있었다. 더구나 미술과 공예품은 고구려처럼 대륙적이고 야성미가 풍겼으며, 분묘는 고구려식의 횡혈식이었다.

　교육기관은 주자감을 설치했고, 학생 대부분이 당나라에 유학했다. 종교는 상류층이 불교와 유교였고, 평민층은 대부분 미신을 믿었다. 산업은 농업과 철광업이었으며 베와 명주도 생산했다.

또한 발해의 말은 명마로 손꼽혀 중국의 유명한 장수들에게 인기가 높았다.

발해의 무역은 사신을 통해 이뤄졌으며 일본과도 활발하게 이루어졌다. 발해는 특산품으로 표범가죽, 호랑이 가죽, 인삼, 꿀 등을 수출했고, 수입품은 일본으로부터 섬유제품과 금, 은, 수은, 진주, 동백기름 등을 들여왔다.

발해의 영토 확장

발해는 영토를 넓히기 위해 적극적으로 노력하였다. 그리하여 고구려의 옛 땅을 대부분 되찾아 아무르강, 쑹화강 유역까지 다 아울렀다. 여기에 한반도 남쪽으로는 통일신라와 접하고, 동쪽으로는 멀리 연해주에 이르는 동해안 일대, 서남쪽으로는 랴오허강 하류 지역까지 세력을 떨쳤다.

대조영이 죽고 아들 대무예가 2대 무왕으로 즉위하였다. 무왕은 영토확장에 힘을 기울여 만주 북부 지역까지 장악하였다.

발해의 세력이 커지자 당나라는 신라와 흑수 말갈을 이용하여 발해를 견제하였다. 그러나 무예는 흑수 말갈을 치고, 이어 당의 산둥반도의 등주를 공격하였다(732년). 3대 문왕은 당과 친선관계를 맺었으며 일본과의 교류도 활발하게 전개하였다. 10대 선왕 때 발해는 최고의 전성기를 누렸는데, 3성(정당성, 중대성, 선조성) 6부(충·인·지·예·신·의)의 중앙조직과 5개의 경과 15개의 부, 62개의 주의 지방제도를 갖췄다.

수도는 여러 차례 옮겼는데, 가장 오랫동안 수도였던 상경 용천부에

▲ 정효공주 묘비

중국 지린성 룽터우산 출토(유학 경전인 시경과 논어의 구절이 인용되어 있다.)

는 많은 유적이 남아 있다. 5경은 상경을 비롯하여 중경·동경·서경·남경으로 지방의 거점을 이루었다.

한편 수도에는 주자감이라는 대학을 설치하고 귀족의 자식들을 보내 유학을 배우도록 하였다. 발해에서는 한문학의 수준도 무척 높았음을 알 수 있다.

▲ 정효공주 묘의 벽화

통일신라와 발해는 우리가 지금까지 써온 '통일신라 시대'는 우리나라 역사에서 발해를 빼고 말하는 것이 되기 때문에 우리가 이 시대를 계속 '통일신라 시대'라고 부른다면 우리 역사에서 영원히 사라지고 말 것이다.

발해는 분명히 고구려를 이어받은 우리 역사의 일부이기 때문에 통일신라와 마찬가지로 발해도 중요하게 생각해야 한다. 그러므로 남쪽에 있던 신라와 북쪽에 있던 발해를 동시에 일컬어 이 시대를 '남북국 시대'라고 부르는 것이 통일신라와 발해가 있었던 그 시대 사람들도 신라를 남쪽에 있는 나라, 발해를 북쪽에 있는 나라라고 생각하였다.

 발해의 멸망

발해는 10세기부터 부패한 지배층의 방탕과 사치와 권력 암투로 나라가 기울기 시작하였다. 그때 거란군의 추장이던 야율아보기는 916년 거란(요(遼))을 통일하고 스스로 황제가 되어 중국을 침략하려고 하였다. 그러기 위해서는 바로 앞에 있는 발해를 먼저 멸망시켜야 했다.

야율아보기는 몸소 군대를 이끌고 거란의 수도로 통하는 국경의 요충지인 발해의 부여성을 공격하였다. 이때 부여성을 지키는 병사의 수가 적고 무기와 식량도 부족하여 거란군에게 함락되었다.

거란군은 계속 동쪽으로 나아가 부여성을 점령한 지 6일 만에 상경 용천부의 홀한성을 포위하였다. 그러자 성안 백성들은 거세게 저항하였다. 그러나 지배층은 곧 거란에 항복하고 왕은 성 밖의 거란 진지로 가서 항복하였다.

그러나 성 안의 백성들은 왕에게 항복을 취소하고 다시 싸우자고 하였다. 갑작스런 사태에 놀란 거란군은 많은 군사를 이끌고 성을 공격하였다. 거란군의 기세에 놀란 왕은 다시 항복하였고 성은 완전히 거란군의 손에 들어갔다.

이리하여 건국 227년(926) 만에 마침내 멸망했다. 그 후 고려가 신라 땅과 발해 땅 일부를 차지하면서 고려 백성으로 다시 합쳐졌다.

한편 발해가 망한 뒤에 그 유민들은 일찍이 고구려가 일어났던 압록강 중류 지역에 '정안국(定安國)'을 세웠다. 그리고 정안국은 중국을 통일한 송나라와 연합하여 거란(요)를 협공하려 하였으므로 요(거란)은 송나라의 배후, 견제 세력을 없애기 위해 정안국과 고려의 항복을 받으려 하였다. 그래서 요의 성종도 정안국을 토벌한 다음, 여러 차례에 걸쳐 고려를 침략했다.

▲ 발해의 온돌 터

4 후삼국

　신라는 8세기 후반에 이르러 정치가 혼란해져 갔다. 765년 혜공왕이 어린 나이에 왕위에 오르자, 귀족들 사이에 권력 다툼이 발생하여 혜공왕이 살해당하고, 그 후 150년 간 20명의 왕이 교체되는 등 정치적인 혼란이 계속되었다.

　신라의 왕족으로 웅주(공주)의 도독인 김헌창은 자신의 아버지 김주원이 왕위에 오르지 못한 것에 앙심을 품고 반란을 일으켰으며(822년), 해상무역을 주도하였던 장보고 역시 중앙의 권력 다툼에 연루되어 반란을 일으켰다가 살해당하였다(846년).

　그 당시 왕위를 둘러싼 권력 다툼이 치열해지면서 신라 사회를 유지해 오던 골품제가 흔들리기 시작하였다.

　진골 세력에 밀려 관직 승진에 제한을 받았던 6두품 세력은 당에 유학하거나 문학 활동으로 이름을 떨쳤다.

　중앙의 정치가 혼란한 가운데, 지방에서는 진골 중심의 새로운 지방 세력이 형성되고 있었다. 이들은 성을 쌓아 근거지를 구축하고 스스로 '성주' 또는 '장군' 이라 부르면서 독자적으로 백성을 다스렸는데 이들을 호족이라고 한다.

　견훤의 아버지인 아자개는 상주 지방에서 농사를 짓던 토착 세력

> ❖ **6두품**
> 신라에서 진골 다음으로 높은 신분이었음에도 불구하고, 골품제가 엄격하게 적용되는 사회였기 때문에 자신의 재능을 마음껏 발휘하는 데 한계가 있었다.

으로 세력을 키워 호족이 되었다. 견훤과 관련된 또 다른 설화에서는 어머니가 광주의 부잣집 딸이라고 전해지고 있어, 그가 광주 출생이라는 설도 있다.

송악(개성)을 기반으로 한 왕건의 조상은 해상 무역으로 재산을 모아 호족이 된 경우이다. 또한 군사 요지인 황해도 패강진의 지휘관 가운데 여러 명이 호족이 되었는데, 이들은 뒤에 왕건을 도와 고려의 건국에 크게 기여하였다.

한편, 죽주(안성)에서는 기훤이, 북원(원주)에서는 양길이 세력을 키우고 있었다.

마침내 '원종과 애노의 난(889년)'을 계기로 곳곳에서 농민 봉기가 일어났다. 서남 지역에서 일어난 적고적은 경주 인근까지 쳐들어가기도 하였다(896년).

> 견훤은 상주 가은현 사람으로 성이 이 씨였는데, 나중에 '견'으로 성씨를 삼았다. 아버지 아자개는 농사를 짓다가 출세하여 장군이 되었다.
> 견훤은 군대에 들어가 서남 해안을 지키면서 공을 세웠다.
> 신라가 어지러워지자 견훤은 세력을 키워 무진주(광주)를 장악하였다.
> 이후 완산주에 이르러 의자왕의 분노를 갚겠다 하며, 스스로 후백제왕이라 하였다.
> – 삼국사기

태봉국의 궁예

궁예의 출생에 대한 정확한 기록은 없지만 신라 왕실의 자손으로 아버지가 헌안왕인지 경문왕인지 명확하지가 않다. 궁예는 외가에서 태어났는데, 이때 어떤 사람이 '아이가 장래 나라에 이롭지 못할 것이니 기르지 말라!'고 했다고 한다. 그래서 아이를 내던져 죽이려 했는데, 마침 유모가 몰래 받아 남모르게 아이를 길렀다.

궁예가 애꾸눈이 된 것은 이때 유모가 잘못 받아 손으로 궁예의 눈을 찔렀기 때문이라 전한다. 그 후 궁예는 10여 세 때부터 승려 생활을 하면서 그는 항상 남자로 태어나 큰 꿈을 이루겠다고 다짐했다. 그러던 어느 날, 까마귀 한 마리가 궁예에게 부적을 떨어뜨렸다.

부적에는 임금 왕자가 굵게 쓰여 있었고, 이에 궁예는 언젠가는 왕이 될 것으로 굳게 믿고 있었다. 그러던 중 그는 절에서 도망쳐 도적의 두목 기훤의 부하로 들어갔다. 두목 기훤은 성격이 포악하고 거칠어서 궁예를 마구 다루었다. 이에 궁예는 그를 떠나 북원의 도적 두목인 양길의 부하가 되었다. 양길은 기훤과는 달리 백성들에게 신뢰와 인기를 누리고 있었다.

궁예는 양길로부터 신임을 받아 군사까지 지휘하게 되었다. 궁예는 용맹했으며 빼앗은 물건을 사람들에게 공평하게 나누어 주었다. 이로써 궁예를 따르는 부하들이 점점 늘어났다.

또한 싸울 때마다 승리해 강원도의 여러 고을까지 차지하면서 부하들로부터 장군으로 추대되었다. 이 무렵 송악 출신의 왕건도 자청하여 궁예의 부하로 들어갔다. 왕건을 얻은 궁예는 신라 북쪽 변방을 함락시켰다. 이에 힘을 얻은 궁예는 901년 도읍을 송악으로 정하고 '후고구려'를 세워 스스로 왕이 되었다.

그러자 북원의 양길은 한때 자신의 부하였던 궁예가 성공하자 선제공격을 해왔다. 그렇지만 궁예는 단칼에 그를 죽인 다음 그가 차지하고 있던 지역까지 흡수해 영역을 넓혔다.

904년 신라 효공왕 8년, 궁예의 세력이 점점 커져 나라 이름을 '위대한 동쪽 나라'라는 뜻의 '마진'이라 하고, 광평성을 두어 나랏일을 의논하게 하였다. 그리고 각 지방에는 관청을 두어 나라의 기초를 튼튼하게 다져 나갔다.

연호를 '성책'이라 정한 궁예는 대동강까지 치고 올라가 평양까지 점령하면서 신라 북부의 영토를 거의 차지했다. 이렇게 되자 궁예의 세력은 신라보다 앞서게 되었다. 그러자 궁예는 초심을 잃고 우쭐대기 시작했다. 궁예의 본성은 잔악무도했는데 신라에서 도망쳐 온 장수나 학자들이 자신의 뜻과 맞지 않을 경우 단칼에 처단했다.

> **신라 말** 나라가 혼란해지자 궁예는 양길의 부하가 되었다가 강원도와 경기도, 황해도까지 세력을 넓힌 후, 양길을 치고 독립하였다.
> 이후 궁예는 스스로 왕이라 하고, '신라가 당에 군사를 청하여 고구려를 격파하였기 때문에 반드시 그 원수를 갚겠다.'라고 말하였다.
> – 삼국사기

통일신라와 발해, 그리고 후삼국

911년, 궁예는 나라의 이름을 '태봉'이라 고치고, 연호를 '수덕만세'라 하였다. 이 해에 궁예는 나주까지 쳐서 견훤의 통로를 끊어 놓았다.

그리고 궁예는 스스로 미륵불로 자칭한 다음 맏아들을 청광보살, 막내아들을 신광보살로 부르게 했다. 그는 머리에 금관을 쓰고 중의 옷, 방포를 걸쳤다. 이런 궁예의 모습에 실망한 백성들은 점점 그를 떠나가기 시작했다.

어느 날 궁예는 자신이 쓴 불경 20권을 자랑하기 위해 승려 석총에게 보여 주었다. 석총은 그것을 읽고 어이가 없다는 표정을 지으면서 말했다.

"이것은 불경이 아니라 사악한 책에 불과하다."

이 말을 들은 궁예는 석총을 죽였다. 이후부터 그는 포악해지기 시작했고 의심증까지 생겼다. 이에 왕비는 궁예에게 충언을 했는데, 도리어 화를 내며 소리쳤다.

"이년이 감히 미륵불한테 뭐라고 했느냐? 계집이 함부로 미륵불을 가르치려 들다니!"

왕비는 어이가 없다는 듯 궁예를 쳐다보았다.

"오~, 이제 보니 다른 놈과 사통을 하고 있구나?"

"대왕! 웬 해괴망측한 소리를……."

왕비의 말이 채 끝나기도 전에 궁예는 고래고래 소리를 질렀다.

"이 미륵불의 눈은 속이지 못해! 미륵불은 독심술을 하기 때문이야! 난 네년의 눈만 봐도 속마음을 훤히 알 수가 있다. 으하하!"

"대왕! 어찌해서 그런 억지스런 말씀을 하시오!"

"허~ 이년 봐라! 그래도 미륵불에게 말대꾸를 해!"

분을 이기지 못한 궁예는 옆에 있던 쇠막대기를 번쩍 들어 왕비를 내리쳤다. 이에 왕비가 외마디소리를 지르며 달아났다. 하지만 잽싸게 왕비를 낚아챈 그는 벌겋게 불에 단 인두로 지져대기 시작

궁예는 왕비를 인두로 지지고, 두 아들마저 죽이고 죄없는 신하들까지 누명을 씌워 죽였다. 그래서 궁예를 따르던 장수들은 왕건을 왕으로 세우기로 결정했다.

했다.

이를 본 두 아들, 청광보살과 신광보살이 뛰어가서 말리자, 궁예는 두 아들마져 그 자리에서 때려죽이고 말았다. 이로써 궁예는 완전히 미쳤고, 죄 없는 신하들까지 누명을 씌워 죽였다. 그래서 궁예를 따르던 장수들은 그를 몰아내고 왕건을 왕으로 세우기로 결정했다.

마침내 신하들이 뜻을 모아 반역을 도모하여 군대를 이끌고 대궐을 포위하고 궁예를 내쫓았다. 그런 다음 백성들이 가장 믿고 따르던 왕건을 왕으로 세웠다.

왕건은 그들의 청을 여러 번 거절하다가 어쩔 수 없어 받아들였다. 곧바로 왕건은 장수들과 1만 명의 군사를 동원해 궁예가 머물고 있는 궁전을 포위했다.

궁예는 몰래 궁전을 빠져나가 삿갓을 쓰고 중노릇을 하며 숨어 다녔다. 갈 곳이 없던 그는 끝내 시골 농부에게 신분이 드러나 몰매를 맞아죽었다.

▲ 궁예 궁터(강원 철원)

궁예가 송악(개성)에서 철원으로 도읍을 옮긴 후 건설한 왕국이 있던 자리이다.

이로써 태봉국은 28년 만에 멸망하고 말았다.

왕건이 고려를 세우고 왕위에 올라 세력을 확장시킨 다음 후백제까지 멸망시킨다. 또한 신라 경순왕 9년 왕건은 신라 영토 대부분을 고려에 귀속시켰다. 이로써 경순왕은 나라를 더 이상 지탱할 수 없다고 판단해 대신들에게 항복하는 것이 좋겠다고 말했다.

이때 태자가 반대하고 나섰지만 경순왕은 시랑 김봉휴로 하여금 항복문서를 쓰게 한 후 935년 고려에 항복했다.

그러자 태자는 통곡하며 부왕에게 하직인사를 한 다음 금강산으로 들어가 마의(베옷)을 입고 풀뿌리로 연명하며 살았다하여 그를 마의태자라고 불렀다.

후백제의 견훤

▲ 견훤 왕궁터
(전북 전주)

전주의 동고산성은 견훤의 왕성이라 전해지며, 왕궁으로 추정되는 건물터가 있다.

　신라 상주 가은 땅에 아자개라는 사람이 있었다. 아자개는 처음에는 농사를 짓다가 장군이 된 인물이다. 아자개 부부는 견훤의 갓난아기일 때 어느 날 견훤을 데리고 밭일을 나가 밭둑에 아기를 놔두고 밭일을 하였다.
　얼마 후 아기가 있는 데서 이상한 소리가 들려보니 호랑이 소리였다. 아자개 부부는 깜짝 놀라 아기가 있는 곳으로 가서 보니, 호랑이가 아기를 해치는 것이 아니라 아기에게 젖을 먹이고 있었던 것이다. 호랑이의 젖을 먹은 아기는 새근새근 잠이 들었다. 아기가 잠들자 호랑이는 숲 속으로 사라졌다.
　이것을 본 부부는 아기가 장차 큰 일을 할 인물이라 생각하고 아기를 더욱 정성껏 키웠다.
　견훤은 체격이 건장하고 지혜가 뛰어났으며, 창칼을 베개로 삼아 자는 용감한 청년으로 자라났다.
　용감하고 힘이 센 그는 신라의 군에 들어갔다. 이때 나라 안 곳곳에서 가난하고 굶주린 백성들이 난을 일으켰다. 견훤은 군대에서 나와 백성들의 봉기에 참여하였다. 그리고 앞장서서 용감하게 싸운 견훤은 백성들의 우두머리가 되었다.
　견훤은 농민군을 이끌고 여러 고을을 빼앗아 세력을 넓혀 갔다.
　"신라와 당나라에 망한 의자왕의 원수를 갚자!"
　견훤은 옛 백제 사람들에게 이렇게 말하며 신라에 반대하는 감정을 부추겼다. 그리하여 옛 백제 땅을 거의 차지할 수 있었다.
　나라를 세운 견훤은 전주에 수도를 정하고, 백제를 이어받았다는 뜻으로 나라 이름을 '후백제'라고 하였다.

견훤은 일찍부터 중국의 좋은 제도를 받아들이려고 노력하였다. 또 골품제도 때문에 차별을 받던 지역 사람들에게 백제의 부흥을 강조하여 민심을 모았다. 그 무렵 군사력이 가장 강한 나라는 후백제였다. 그래서 고려와 신라를 무력으로 쳐서 빨리 통일하려고 하였다.

궁예가 쫓겨나고 왕건이 왕위에 오르자 견훤은 축하사절을 보내 고려의 형편을 살펴보게 하였다. 왕건을 만나고 돌아온 사신은 이렇게 말하였다.

"왕건은 예사로운 인물이 아닙니다. 지금은 고려의 힘이 약하지만 틀림없이 우리 후백제에게 위협이 될 것입니다. 먼저 힘을 기른 다음 고려를 치는 것이 좋을 듯합니다."

이때 견훤의 동생이 나서서 말하였다.

"그때까지 어떻게 기다린단 말입니까? 신라를 먼저 친 다음 고려를 공격하면 아무 문제가 없을 것입니다."

이 말을 들은 견훤은 곧바로 군대를 이끌고 경주를 공격하였다.

927년 세력이 막강해진 후백제 견훤은 신라 고울부까지 침략했다. 그러자 신라 경애왕은 고려에 원병을 청했다.

고려 태조 왕건은 1만 명의 군사를 이끌고 신라로 왔다. 그러나 고려군이 도착하기 전 견훤은 군사를 풀어 약탈하고 왕과 왕비를 사로잡았다.

견훤은 경애왕에게 스스로 목숨을 끊게 하고 아우뻘인 김부를 허수아비 왕으로 앉혔다. 그가 신라의 마지막 왕, 경순왕이다.

한편 공산에서 신라를 돕기 위해 원병을 이끌고 오던 왕건과 견훤이 맞붙었다. 하지만 고려군이 패하면서 김낙과 신숭겸 장군이 전사하고 왕건은 겨우 목숨만 건져 달아났다.

이로써 견훤의 군사가 나날이 강해졌지만 신라 경순왕 5년에 견훤의 충신 공직이 고려로 귀순하는 사건이 발생했다. 그가 귀순하

견훤은 백제의 부흥을 내세우며 완산주(전주)를 도읍으로 정하고 후백제를 건국하였다(900년). 견훤은 신라의 경애왕에게 스스로 목숨을 끊게 하고 아우뻘인 김부를 허수아비 왕으로 앉혔다. 그가 신라의 마지막 왕, 경순왕이다.

통일신라와 발해, 그리고 후삼국 143

▲ 태조 왕건릉
(경기 개성)

면서 고려는 점차적으로 세력이 커지고, 웅진 이북 30여 성을 함락시켰다.

견훤은 여러 명의 아내와 10여 명의 아들을 두었는데, 그 중 넷째아들 금강이 키가 크고 지혜로웠다. 이에 견훤은 그에게 왕위를 물려주겠다고 마음먹었다.

그렇지만 맏아들 신검과 그의 동생 양검과 용검 등은 아버지의 속셈을 알고 고민에 싸였다. 그러던 중 양검은 강주 도독으로, 용검은 무주 도독으로 부임했고 신검만 견훤 곁에 남았다.

이때 이찬 능환이 강주와 무주로 사람을 보내 음모를 꾸미고, 신검으로 하여금 견훤을 금산사에 가두게 하였다. 아버지를 금산사 절에 가둔 신검은 스스로 왕이 되었다.

금산사에 갇힌 견훤은 3개월 뒤 탈출하여 금성으로 달아났다가 고려 왕건을 찾아갔다. 이듬해 왕건은 견훤의 사위 영규와 내통해서 견훤과 함께 10만 대군을 이끌고 후백제 정벌에 나섰다.

후백제는 고려와 싸웠지만 크게 패했고 신검과 그 형제들은 모두 죽임을 당했다. 세 아들의 죽음을 목격한 아버지 견훤은 인생의 허무함에 눈물을 흘렸다. 그리고 황산의 어느 초가집에서 일생을 마쳤다.

 ## 왕건의 유화부인

왕건의 아버지 왕융은 개성에서 알아주는 부자였다. 왕건이 태어나기 일 년 전 어느 날, 아버지 왕융은 일꾼들과 집터를 닦고 있었다. 그때 스님이 지나가다가 걸음을 멈추고 혼자 중얼거렸다.

'쯧쯧, 기장 심을 자리에 삼을 심다니, 참으로 아깝구나!'

이 소리를 들은 왕융은 스님에게 무슨 말인지 물었다. 그러자 스님은 망설이다가 한참 후에 입을 열었다.

"집터를 넓게 닦아 서른여섯 채의 큰 집을 지으시오."

"스님, 저에겐 큰 집이 필요 없습니다."

"필요할 것이오. 그래야만 많은 사람들이 몰려들고 더불어 큰 인물이 날 것 아니오."

스님은 말을 끝내자 곧 사라졌고 사람들이 왕융에게 도선대사가 무슨 말을 했냐고 물었다.

"뭐? 그 분이 도선대사라고?"

도선대사는 당나라로 건너가 풍수지리를 배운 사람이었다. 며칠 지난 후 도선대사가 또 찾아와 이렇게 말했다.

"아들을 낳으면 반드시 건이라는 이름을 지으시오."

도선대사의 말에 따라 왕융은 대궐처럼 큰 집을 지었고, 이듬해인 877년 정월 14일 개성 예성강 근처에서 왕건을 낳았다. 왕건은 문무에 능했는데, 10살 때 날아가는 새를 활로 쏘아 맞힐 정도로 실력이 있었다.

이 무렵 신라는 헌강왕이 죽고 아우가 50대 정강왕으로 즉위했지만 일 년 만에 병으로 죽었다. 그의 뒤를 이어 누나가 51대 진성여왕으로 등극했다. 하지만 진성여왕은 사치와 놀이로 세월을 보내면서 백성들을 팽개쳤다.

그러자 가난한 백성들은 호족들의 부하가 되거나 도적이 되었다. 특히 도적들과 노예들은 반란을 일으키기 일쑤였다. 상주에서 노예가 일으킨 '애노의 난'과 북원 지방에서 일어난 '양길의 반란'이 큰 사건이었다.

이때 궁예가 절에서 도망쳐 양길의 부하가 되었는데, 왕건이 20살 때 그의 세력이 커지면서 송악 부근까지 장악했다. 그러자 왕건은 아버지 왕융과 함께 궁예의 부하로 들어갔다.

궁예가 세력을 넓히고 있을 무렵, 송악 지방에서는 왕건의 집안이 예성강 유역의 군진 세력과 연합하여 지배력을 강화해 나갔다.

통일신라와 발해, 그리고 후삼국

궁예는 왕융을 금성태수로 임명하고 왕건은 부하장수로 삼았다. 897년 진성여왕이 물러나고 효공왕이 왕위에 올랐을 때 왕융이 궁예에게 도읍을 정하고 성을 쌓자고 제의했다.

898년 궁예는 송악에 도읍하고 왕건을 정기대감으로 임명했다. 그러자 왕건은 궁예에게 미래를 위해 수군양성을 제의했고 궁예는 흔쾌히 허락했다. 이에 왕건은 군선 수십 척을 예성강에 띄워 공암현을 공격하자 현령은 대항하다가 도망쳤다. 이로써 왕건은 한강 하류의 땅을 점령한 후 송악으로 돌아왔다.

899년 왕건은 군사 천여 명과 함께 임진강을 건너 양주와 건주를 공격해 승리했다. 이 무렵 궁예는 양길을 공격해 30여 개의 성을 빼앗았다. 드디어 궁예는 904년 도읍을 철원으로 옮긴 다음 왕위에 오르면서 국호를 마진으로 정했다.

어느 날, 왕건은 송악에서 일을 마치고 철원으로 향했는데 이미 아버지 왕융이 죽은 뒤였다. 왕건 일행이 정주 고을에 도착했을 때 마을길 양쪽 버드나무가 축 늘어져 있었다. 그는 목이 말라 샘을 찾아갔는데, 마침 샘가에는 아리따운 처녀가 물을 긷고 있었다.

"여보시오. 목 좀 추기게 물 한 바가지만 주시겠소?"

처녀는 바가지에 물을 담은 후 샘가 버드나무 잎을 훑어 물 위에 띄워 주었다. 왕건은 입바람으로 잎을 불어내면서 마신 후 그 이유를 물었다.

"바가지에 버들잎을 띄운 이유가 무엇이오?"

"물에 체하면 약도 없다지요."

왕건은 그녀의 지혜에 감탄했다. 그리고 그녀는 또 말을 걸었다.

"장군, 저기 보이는 집으로 오시면 저희 아버님을 만나뵐 수 있습니다."

왕건은 그녀가 자신에게 청혼하면 허락하겠다는 뜻으로 받아들였다. 왕건은 그녀와 결혼했다. 그녀는 유화부인으로 내조를 발휘

❖ 태조의 정책

태조는 지방 세력을 포섭하기 위해 각 지역 호족의 딸과 혼인하고, 호족들에게 관직과 토지, 성을 내려주었다.

해 왕건을 임금으로 만든 인물이었다.

　왕건이 42세가 되었을 때, 궁예는 실정으로 백성들의 원성을 사고 있었다. 이때 홍유, 배현경, 복지겸, 신숭겸 네 장수가 왕건을 찾아왔다. 그러자 유화부인이 술상을 가지고 방으로 들어오자 신숭겸이 부인에게 말했다.

　"혹시 햇사과가 있으면 안주로 주시겠습니까?"

　유화부인은 말없이 문 밖으로 나가면서 왜 햇사과를 달랬는지를 알았다.

　'남편과 중요한 비밀 이야기를 하는구나.'

　먼저 신숭겸이 입을 열면서 참석자들이 차례로 말했다.

　"궁예는 미쳤습니다. 지금 백성들의 마음은 왕 장군에게 쏠리고 있습니다."

　"장군, 백성들을 위해 저희의 뜻을 받아 주십시오."

　"지금 한 시각도 지체할 수 없습니다."

　"임금이 포악해졌다고 어찌 몰아낼 수 있겠소? 내 양심상 용납되지 않는 일이오."

　그 순간 유화부인이 살며시 방문을 열고 들어오면서 말했다.

　"장군, 예로부터 임금이 포악해지면 백성과 군신들이 멀어진다는 말이 있습니다. 만약 하늘이 준 기회를 버리면 목숨을 부지하기가 어렵지요. 햇사과를 곧 올릴 테니 잠시만 기다려 주세요."

　유화부인의 말에 왕건은 무릎을 쳤고 그때 유화부인이 다시 방으로 들어왔다. 손에는 사과가 아닌 왕건의 투구와 갑옷이었다.

　"장군, 시각을 다투는 것 같습니다. 어서 일어나시지요."

　무장을 끝낸 왕건은 네 장수와 함께 1만 명의 군사를 이끌고 궁궐을 포위했다. 궁전엔 미친 궁예 외엔 아무도 없었다. 왕건은 궁예를 몰아내고 왕위에 올라 나라 이름을 '고려'라 하고 연호를 '천수'로 정했다. 그리고 철원에서 송악으로 도읍지를 옮겼다.

> **고려**는 후삼국을 통일하는 과정에서 신라와 후백제 세력을 지배층으로 받아들인 것은 물론, 발해의 유민까지 포용함으로써 실질적인 민족 통합을 이루었다.

연등행사

태조 왕건은 불교의 힘으로 나라를 세웠기에, 부처의 덕을 기리고, 나라와 왕실의 안녕을 비는 불교행사로 연등회를 베풀었다.

V

고려

한국사

- 왕건 고려 건국 918
- 고려 후삼국 통일 936
- 노비안검법 실시 956
- 과거제 실시 958
- 전시과 설치 976
- 전국에 12목 설치 983
- 강조의 정변 1009
- 귀주 대첩 1019
- 전시과 개정, 관제 개혁 1076
- 윤관 여진 정벌 1107
- 이자겸의 난 1126
- 묘청의 서경 천도 운동 1135
- 무신 정변 1170
- 만적의 봉기 1198
- 몽골의 제1차 침입 1231
- 강화 천도 1232
- 금속 활자로 고금상정예문 간행 1234
- 고려 대장경 새김(~1251) 1236
- 개경으로 환도 1270
- 삼별초의 대몽 항쟁
- 홍건적의 침입 1359
- 직지심체요절 인쇄 1377
- 위화도 회군 1388
- 박위 쓰시마 섬 토벌 1389
- 고전법 제정 1391
- 고려 멸망, 조선 건국 1392

세계사

- 946 거란 국호를 요라 함
- 860 송 건국
- 962 오토 1세 신성 로마 황제 대관
- 987 프랑스 카페 왕조 시작
- 1037 셀주크 튀르크 건국
- 1054 크리스트교 동서로 분열
- 1096 십자군 원정
- 1115 금 건국
- 1125 금, 요를 명망시킴
- 1127 북송 멸망, 남송 시작
- 1163 프랑스 노트르담 성당 건축 시작
- 1192 일본, 가마쿠라 막부 세움
- 1205 칭키즈 칸 몽골 통일
- 1215 영국 대헌장 제정
- 1241 신성 로마 제국, 한자 동맹 성립
- 1271 원 제국 성립
- 1299 오스만 제국 성립
- 1302 프랑스 삼부회 성립
- 1309 교황 아비뇽 유폐
- 1338 일본 무로마치 막부 성립
- 영국·프랑스 백년 전쟁(~1453)
- 1356 독일 황금 문서 발표
- 1368 원 멸망, 명 건국
- 1381 영국, 와트 타일러의 난

▲ 태조 왕건 왕릉(경기 개성)

1 고려의 건국과 발전

통일신라가 후삼국으로 분열된 것을 수습하여 민족의 재통일을 성취한 지도자는 왕건이었다.

그 당시 왕건은 송악 지방의 호족 출신으로서 예성강 유역의 해상 세력과 힘을 합하여 그 일대에서 지배력을 강화해 나갔다.

그 무렵 경기도·황해도·충청도·강원도 일부까지 영역을 넓혀 세력을 떨치던 궁예 세력이 송악까지 미치자 그의 신하가 되었다. 왕건은 후백제의 금성(나주)을 점령하는 등 크게 활약하여 최고 관직인 시중(수상)의 자리에 올랐다.

왕건은 호족적 기반을 갖춘 데다가 새로운 사회를 건설할 수 있는 경륜과 철학을 가지고 있었다. 그에 비해 궁예는 견훤과 마찬가지로 고대적 전제 군주의 틀을 벗어나지 못하였다.

특히 궁예는 자신을 '미래에 나타나 중생을 구원한다는 부처-미륵불'이라고 하면서 강압적인 정치를 펴 민심을 잃고, 죄없는 관료와 장군을 살해하는 등, 실정을 거듭하여 마침내 신하들에 의해 내쫓김을 당했다.

왕건은 신하들의 추대로 왕위에 즉위하자 고구려를 이었다는 뜻으로, 나라 이름을 '고려'라 하고(918년), 도읍을 철원에서 자신의

> 사심관 제도는 고려 시대 지방에 연고가 있는 고관에게 자기의 고장을 다스리도록 임명한 특수 관료이다.
> 기인 제도는 지방 세력을 견제하기 위하여 토호 세력의 자제를 인질로 서울에 머물러 있게 한 제도이다.

고려 151

세력 근거지였던 송악으로 옮겼다.

이후 국가 기반을 확고히 하고자 민심을 수습하는 데 힘썼다. 그리고 호족 세력들을 회유, 포섭하여 통일 역량을 키워나갔다.

왕건은 29명에 이르는 많은 후비를 두었는데 이는 혼인관계를 통해 지방의 호족 세력을 통합하려는 목적이 있었기 때문이다.

 왕건의 훈요십조

태조 왕건은 신라와 후백제를 합친 뒤에 민족의 단결과 회복에 힘을 많이 기울였다. 신라 유민을 다스림에 있어서 전 왕인 경순왕을 우대하고 신라 출신의 인재들을 많이 등용했으며, 신라의 옛 풍속을 그대로 지키게 하였다.

고려 왕조의 계보

그리고 고구려의 옛 강토를 되찾으려고 평양성을 고치고, 학교 등 여러 시설을 갖추어 '서경'이라 하였다.

그러나 거란이 성장하여 발해를 무너뜨리고 만주 일대를 차지하자, 고구려 옛 땅을 되찾으려던 왕건의 꿈은 주춤거리게 되었다.

태조는 발해가 망하자, 망명해 온 발해 태자 대광현을 비롯하여 수많은 귀족과 유민들을 받아들였다. 또한 거란이 이웃 나라 발해를 쳐서 없앤 것을 괘씸하게 여겨 거란의 사신을 섬에 귀양 보내고, 거란의 임금이 보낸 낙타를 다리 밑에 매어 놓고 굶겨 죽인 일도 있었다.

한편, 태조는 거란에 대한 경계를 게을리 하지 않았다.

태조는 서북쪽으로는 청천강 이남과 동북쪽으로는 영흥 지방까지 회복하였고, 초기의 제도는 신라, 태봉국, 당나라의 제도를 적절히 혼합하여 어느 정도 기틀을 잡아 놓았다.

특히 불교를 보호하고 장려하여 법왕사, 왕륜사 등 서울의 10개 절을 비롯하여 지방에도 개태사 등 많은 절을 세웠으며, 연등회와 아울러 신라의 옛 행사인 팔관회를 열었다.

그리고 태조는 또한, '훈요십조'를 남겨 이후 역대 왕들이 좋은 계율로 삼아 정치에 매진할 것을 당부하였다.

'첫째, 불교의 힘으로 나라를 세웠기에 불교를 장려하라.

> ❖ 향교
>
> 지방에는 향교를 세워 교육을 담당하였다.

> ❖ 음서제
>
> 음서는 왕족의 후손, 국가에 공로가 있는 사람, 5품 이상 관리의 자손을 과거 합격 여부와 관계없이 관직에 임명하는 제도.

고려 왕조의 주요 사건

> 918년 고려의 건국, 936년 고려, 후삼국 통일, 958년 과거 제도 실시, 1019년 귀주대첩, 1126년 이자겸의 난, 1135년 묘청의 서경 천도, 1170년 무신 정변, 1231년 몽고의 제1차 침입, 1270년 삼별초의 항쟁, 1392년 고려의 멸망.

둘째, 모든 절은 도선의 풍수지리설에 맞추어 세우고, 함부로 짓지 마라.
셋째, 왕위 계승은 장남, 차남 그리고 형제순으로 한다.
넷째, 외국의 풍속을 무조건 본받지 마라.
다섯째, 3년마다 서경에 백 일 이상 머물러 국가의 안녕을 도모하라.
여섯째, 연등회와 팔관회를 성실히 시행하라.
일곱째, 간언을 받아들이고 참언을 멀리 하라.
여덟째, 후백제 지역의 사람을 등용하지 마라.
아홉째, 관리들의 상과 벌을 공정하게 하라.
열째, 몸가짐을 바르게 하고, 경사(經史)를 두루 살펴 국정에 참고하라.

❖ 향·부곡·소

향, 부곡은 주로 집단적 인력 동원이 필요하거나, 후삼국 통일 전쟁에서 고려에 협조하지 않았던 지역에 두었다. 주민은 주로 농업에 종사하였다.
소는 금, 은, 종이, 자기, 먹 등과 같이 나라에서 필요로 하는 물건을 만드는 지역이다.

고려의 문물제도

고려의 문물제도가 고루 갖추어지고, 통치의 기초가 다져지게 된 것은 제6대 성종 때의 일이다.

성종(982~997)은 주로 당나라의 제도를 기본으로 하여 중앙과 지방의 관제를 재정비하였다.

먼저 중앙은 6부로 나누었다. 곧, 내무부에 해당하는 이조, 호조, 문교부에 해당하는 예조, 국방부에 해당하는 병조, 법무부에 해당하는 형조, 상공부에 해당하는 공조를 말한다. 그리고 지방은 10도로 나누고 도 밑에 주, 부, 군, 현을 두었으며, 부락에는 촌장을 두어 말단 행정을 보살피게 하였다.

군사 제도는 태조 때 중앙에 6위를 두어 수도 방위와 지방 군대를 통괄하도록 하였다.

그런가 하면 정종 때에 이르러 거란의 침입을 막고자 광군사를 두고 30만 광군을 조직했으며, 성종 때에는 군대의 복장을 정하고 6위의 위에 좌, 우군영을 두었다. 그리고 함경도 방면과 평안도에 각각 병마사를 두어 거란족의 침입에 대비하였다.

교육에 있어서는 태조 때에 개경과 평양에 학교를 세워 인재를 길렀고, 성종은 특히 유교를 존중하여 유교로 정치의 근본을 삼았다.

그리고 지방의 12목에 경학 박사, 의학 박사를 각각 한 사람씩 두어, 주·군·현의 장리들과 백성들을 가르쳤다. 또 '효'와 '의술'로 이름난 사람이 있으면 관원들에게 중앙에 추천하도록 했다.

성종의 이러한 교육에 대한 관심은 최승로의 시무책 이후에 본격적으로 나타났다.

성종은 또한 실업, 교통 등 여러 방면에서 많은 업적을 남겼다. 그는 특히 농업에 중점을 두고 백성들의 생활 안정에 힘을 기울였는데, 그는 즉위하자 세금을 절반으로 줄이고 갖가지 총기를 거둬 농기구를 만들게 하는 등, 여러 가지 농업 보호 정책을 썼다.

그런가 하면 재해 대책법을 마련하여 수해, 한재, 병충해의 재앙을 입은 자에게는 그 정도에 따라 세금을 빼거나 줄여 주고, 부역도 면해 주었다. 또 각 고을에 의창을 두어 일정한 양의 곡식을 저장해 두었다가 흉년이 들면 가난한 사람을 구제하고, 또 가난한 사

◆ **국자감**

고려 시대, 국가적인 교육을 담당하는 기관을 이르던 말로, 992(성종 11)년에 제도를 정비하면서 경학(京學)이 개편되어 설립된 것이다. 고려 초기에 설치된 국자감은 국학으로 불렸다. 이후 국자감은 성균관 등으로 이름이 바뀌었다.

연등회와 팔관회

연등회는 부처의 덕을 기리고, 나라와 왕실의 안녕을 비는 불교 행사이다. 팔관회는 국가적으로 축제의 일종으로 하늘, 산, 용 등의 토속신에게 제사를 지내는 행사이다.

람에게 빌려 주기도 하였다.

　그리고 개경을 비롯하여 지방의 주요한 곳에는 상평창을 두어 쌀, 옷감을 저축하였다가, 매년 풍년과 흉년을 따져 그것을 팔아 물가를 조절하고, 백성의 생활을 안정케 하는 데에 효과를 거두었다.

　또 교통에 있어서는 육로에 처음으로 여관을 두게 하고, 강이나 바다에는 배를 많이 마련하여 수륙 왕래에 편리하게 하였다.

 거란의 1차침입

❖ **거란의 침입**

고려는 송과 우호관계를 유지했지만 발해를 멸망시킨 거란을 적대시했다. 942년 거란은 고려에 사신을 보내 교류를 청했으나 태조는 이를 거절했다. 이후 거란은 993(1차 침입)년 고려를 침략했다. 소손녕이 80만 군사를 이끌고 서북면으로 쳐들어오자 서희는 외교 담판을 벌여 거란군을 철수시키고 압록강 동쪽의 강동6주를 획득했다.
거란은 목종을 죽이고 현종을 추대한 강조의 정변을 구실로 1010(2차 침입)년 다시 고려에 침입했다. 이때 개경이 함락되었으나, 거란은 강화를 맺고 철수했다. 거란은 1018(3차 침입)년 또다시 침입했는데, 이때 고려의 강감찬이 구주에서 거란군을 무찔렀다.
거란의 고려 침략 목적은 영토를 확장하고 고려와 송과의 연합전선 형성을 저지하려는 것이었으나 목적을 이루지 못하고 1019년 고려와 평화조약을 체결했다.

　고려와 거란〔요(遼)〕의 교섭은 이미 태조 때에 시작되었다. 그러나 태조는 거란이 발해를 망하게 한 것을 보고 무도한 나라라 하여 거란과의 국교를 열지 않았다.

　그런데 얼마 뒤 거란이 압록강 유역에 흩어져 살던 여진족을 정복하고 국호를 '요'라 하였다.

　그 무렵 요나라의 남쪽에 새로 송나라가 일어나 서로 충돌하자, 자연히 고려도 여기에 휘말리게 되었는데, 이때 고려는 요나라와 국교를 끊고 송나라와 친교를 맺고 있었다. 그러자 이를 못마땅하게 여긴 요나라 소손녕은 성종 12년 993년에 80만 대군을 거느리고 고려의 서북면을 공격했다.

　성종은 서희를 중군사로 삼아 여러 장군과 함께 적을 막게 하고, 왕도 친히 싸움터에 나가 격려하였다. 그러나 고려가 불리해지자, 땅을 일부 요나라에 주고 친하게 지내자는 주장이 나왔다. 그때 서희는 그것은 안 된다고 말하고, 나라를 대표하여 요나라 지휘부에 들어가 적장 소손녕에게 우리나라에 침입한 이유를 따졌다.

"고려는 고구려의 후손들이 세운 나라다. 그래서 국호를 고려라 하였고, 또한 너희 나라의 동쪽 서울인 요양도 우리의 옛 영토인데, 어찌 우리더러 침입했다고 하느냐? 너희 나라와 국교를 트지 못한 것은 중간에 여진족이 있어 길을 막고 있기 때문이다. 만일 너희 나라가 여진족을 쫓으면 우리의 옛 땅을 회복할 것이다. 그리고 성을 쌓고 길이 트이게 되면 국교는 자연히 트이게 될 것이다."

소손녕은 서희의 조리 있는 말에 어찌할 수 없음을 알고 드디어 자기 나라 왕 성종의 허락을 받아 화친을 맺고 군사를 철수시켰다.

서희는 이렇게 외교전으로 거란족을 물리치고, 바로 이듬해부터 해마다 군사를 이끌고 북쪽의 여진족을 토벌하여 곳곳에 성을 쌓았다.

고려가 여진을 몰아내고 성을 튼튼히 쌓을 수 있었던 것은 요나라 장군 소손녕과 담판한 결과 그들의 양해 아래 이루어진 것이지만, 고려의 숙원이었던 압록강 진출의 계기를 마련했다는 점에서 큰 의미가 있다. 그리고 얼마 후, 송과의 외교 관계 단절을 약속하고 거란으로부터 강동 6주를 확보하였다.

> 거란의 침략 의도가 고려와 송의 관계를 끊으려는 데 있다는 것을 알아차린 서희는 거란의 장수 소손녕과 담판을 벌였다.

거란의 2차침입

고려는 그 뒤에도 송나라와 계속 교류를 하였는데, 거란은 이것을 늘 못마땅하게 생각했다. 거란의 1차침입이 있는 뒤 5년이 지나 성종이 죽고 목종이 왕위에 올랐다.

목종은 18세밖에 안 되어, 어머니 천추 태후가 정치를 도왔다. 그러나 외가 친척인 김치양과 천추 태후가 목종에게 아들이 없음을 노려 둘 사이에서 낳은 아들을 왕위에 앉히려고 음모를 꾸몄다. 그

**강조의 정변
(1009년)**

목종의 어머니인 천추 태후와 김치양이 불륜 관계를 맺고 왕위를 빼앗으려 하자, 강조가 군사를 일으켜 김치양 일파를 제거하고 목종을 폐위한 사건으로 거란이 2차 침입하는 구실이 되었다.

당시 정치는 혼란하고, 대신들은 부귀영화와 권력 다툼에 정신이 팔려 있었다.

그래서 목종은 서부면 도순검사(지방 주둔 지휘관) 강조에서 개경으로 와 자신을 지켜달라고 했다. 그런데 5천 군사를 이끌고 개경으로 온 강조는 정치를 바로잡는다면서 김치양과 그 무리들을 죽이고 도망가는 목종과 천추 태후까지 죽인 다음, 목종의 당숙인 대량 원군 순을 임금으로 내세웠다.

그가 바로 제8대 현종이다.

이때 요나라는 성종의 현명한 정치로 평화를 누리고 있었다. 요나라 왕 성종은 고려에서 강조가 왕을 죽이고 새로운 왕을 앉혔다는 말을 듣고, 그 죄를 묻겠다는 구실로 직접 40만 대군을 이끌고 쳐들어왔다.

고려 현종은 이 소식을 듣고 강조를 행영 도통사로 삼아 군사 20만을 이끌고 통주(지금의 평북 선천 지방)에 가서 막도록 했다.

요나라 군사는 현종 원년(1009년) 11월에 압록강을 건너 흥화진(평북 의주)을 포위해서 공격했으나 패하고, 다시 20만 대군을 이끌고 통주로 진격하였다. 강조의 군사는 이를 보기 좋게 무찔렀으나 퇴각하던 거란군이 되돌아와 다시 공격하는 바람에 강조와 그의 부하들은 죽임을 당하고 말았다.

다음 달에 관산, 안주, 숙천 등 여러 성이 요나라 군사에 의해서 차례로 무너졌으나, 오직 서경(평양)만은 잃지 않았다. 왕은 다음해 정월 초하룻날에 광주(경기도 광주)로 피신했다. 거란군은 곽산, 안주, 숙천 등을 짓밟고 개경까지 진입해 궁궐과 민가들을 모두 불태워 버렸다. 세태가 점점 궁지에 몰리자, 중신들은 항복할 것을 건의했으나, 63세의 강감찬은 단호히 반대했다.

"강동 6주를 내주고 항복하면 고려는 영원히 오랑캐의 노예가 될 것입니다. 우선 화평을 제의하여 시간을 벌고, 적이 지칠 때까지 기다려 보는 것이 어떻겠습니까?"

그래서 왕은 신하 하공진을 적진에 보내 휴전 조약을 맺도록 하였다. 그리하여 요나라 군사는 고려의 왕이 자기 나라 조정에 한 번 들른다는 약속을 받고, 하공진을 볼모로 데리고 물러갔다.

이때 요나라 군사는 돌아가는 길에 고려의 양규 등 여러 장군들의 기습을 받아 많은 군사와 무기를 잃고 허둥지둥 도망갔다.

고려의 현종은 요나라 군사들이 물러갔다는 보고를 받고, 정월 23일 개경으로 돌아와 보니 궁궐은 잿더미로 변해 있었다. 4월에 사신을 요나라에 보내어 군대를 철수해서 고맙다는 인사를 하도록 하였다.

요나라 조정은 휴전 조약에 따라 현종에게 들어오라고 하였으나, 현종은 끝내 들어가지 않았다. 그리고 볼모로 잡혀 갔던 하공진은 요나라 신하가 되라는 그들의 요구를 끝내 듣지 않아 죽고 말았다.

거란의 3차침입

요나라는 2차침입 이후 자주 사신을 보내 고려의 무성의를 불평하고, 압록강 동쪽의 흥화, 통주, 용주, 철주, 곽주, 귀주 등 6개 주를 내놓으라고 하였으나, 고려는 이에 응하지 않았다.

그러자 현종 5년부터 압록강 동쪽에 성을 튼튼히 쌓는 등 요나라는 고려 침입의 기지를 만들었다.

그리하여 국경 근처에서는 잦은 충돌이 끊이지 않았다. 그러다 마침내 현종 9년(1018년) 12월에 요나라 장군 소배압이 10만 대군을 이끌고 또다시 고려를 침입하였다.

그러나 고려에서는 이미 상원수 강감찬과 부원수 강민첨이 20만

❖ **거란의 침입과 강동 6주**

강동 6주는 흥화진·용주·통주·철주·구주·곽주를 말한다. 고려시대 서북면 해안지대에 여진족이 살고 있었기 때문에 태조 이래 추진해온 북진정책에 큰 장애가 되었다. 그런데 993년(성종 12) 거란의 제1차 침입 때 서희가 거란 장군 소손녕과 담판함으로써 이 지역을 고려의 영토로 편입했다.

고려는 귀주대첩으로 국제적 위상을 높였지만, 거란과 형식적인 사대 관계를 맺고 대외적으로 평화 관계를 수립하였다.

고려 159

명의 군사를 인솔하고 지금의 안주에 가서 대기하고 있었다.

두 장군은 요나라가 쳐들어온다는 말을 듣고, 흥화진으로 가서 특공대 만 2천 명을 산골짜기에 잠복시켰다가 요나라 군사가 들어오는 것을 보고 습격하여 크게 무찔렀다.

전세가 불리해지자, 소배압은 우회하여 무조건 개경으로 진격해 들어갔다. 1019년 정월에는 개경 100리 밖 신은현까지 진출했다. 현종은 개경 부근 백성들에게 식량을 가지고 모두 개경 안으로 피신해 들어오게 하여, 성문을 닫으라고 명령했다.

적군의 식량 보급을 끊어 전력을 약화시키기 위한 것이었다. 이에 오랜 행군으로 지치고 굶어 기력이 떨어진 거란군은 결국 퇴각하게 되었다. 이에 강감찬은 퇴로를 미리 장악했다가 일시에 기습, 적군에 막대한 피해를 입혔다. 특히 귀주에서는 거란군을 퇴로가 없는 협곡에 몰아넣고 3면에서 공격하여 완전 섬멸시켰다. 이것이 바로 '귀주대첩(1019년)'이다.

▲ 강감찬 장군 동상

이때 적이 입은 손해는 참으로 컸다. 적군의 시체가 들을 덮었고, 적에게서 빼앗은 무기와 군마 등이 수를 헤아릴 수 없을 정도였다. 그리하여 10만의 적 중 살아 돌아간 자가 겨우 2천여 명을 넘지 못하였다. 그 뒤 거란은 다시 고려를 넘보지 못하였다.

당시 고려는 오랫동안 적의 침입을 막아내느라 내부적으로 국력이 많이 쇠약해졌고, 요나라 입장에서도 자주 침입을 했지만 번번

거란의 침략과 격퇴

거란의 1차침입 때 고려는 서희의 담판으로 강동 6주를 차지하여 영토가 압록강까지 확대되었다. 거란의 3차침입을 물리친 후에는 압록강 하구에서 동해안의 도련포에 이르는 천리장성을 쌓았다.

이 실패로 돌아가자, 이제 서로가 평화를 원하게 되었다.

그리하여 그 해 현종 10년 8월에 양쪽의 사절단들이 오고 간 뒤로는 마침내 평화조약을 맺게 되었다.

 고려의 사회

거란 침입 후 제8대 현종 때부터 제16대 예종 때까지 약 110여 년 동안(1010~1122년) 고려는 지방 제도를 5도(양광도·경상도·전라도·교주도·서해도)와 양계(동계·북계), 그리고 4도호(안동도호·안남도호·안서도호·안북도호), 8목(광주·충주·청주·진주·상주·전주·나주·황주)으로 고치고, 서울을 340여 동리로 나누었다.

그리고 거란의 침입을 거울삼아 길이 60여 리의 큰 성을 쌓아 방비를 튼튼히 하였다.

이때에는 또 정치가 안정되고, 국민 생활은 안락하여 '태평 시절'이라는 말을 들을 만큼 고려의 황금 시대였다.

특히 11대 문종은 법률을 고치고 형벌을 낮추어, 사형수는 세 번 재판을 받게 한 다음 결정하도록 하였다. 보통 죄수를 재판할 때도 세 사람 이상의 법관이 합의하여 판결하도록 하였다.

유교와 불교도 매우 성하였다. 서당이 곳곳에 생겨 공자의 가르침을 널리 전하였다.

불교도 태조 때부터 성행하였는데, 승려 가운데 배움과 덕이 높은 사람은 왕사, 국사의 칭호를 주어 국가적으로 받들었으며, 승려들에게 시험을 실시하여 높은 지위에 앉혔다.

특별히 거란의 침입을 자주 받게 되자, 부처의 힘을 빌려 외적의 침략을 없애려는 호국 불교의 성격이 강하였다. 현종 때에 6천 권

> 고려는 건국 초부터 대외 교류에 개방적이어서 송, 거란(요), 여진 등과 활발하게 교류하였다. 특히 송과의 교류가 가장 활발하여 발달한 문물을 받아들였다.

의 대장경을 새기기 시작하여, 60년이 걸려 문종 때에 비로소 완성되었다.

외국과의 문물 교류도 잦았다. 예성항(예성강 입구의 벽란도)은 당시 국제적 무역항이었다. 벽란도는 신라 때부터 무역항으로 각광을 받아왔으며, 광종 때에는 송나라와 공식 무역 관계가 열린 이후부터 국제 무역항으로 급성장했다. 그리하여 이곳을 중심으로 송나라의 배들이 자주 드나들었으며, 때로는 멀리 아라비아 상인도 건너왔다.

이곳을 통해 송나라의 비단, 약재, 자기와 고려의 금, 은, 인삼, 면포가 교역되었으며, 아라비아 상인들은 향료, 상아, 공작 등 희귀한 물건을 가져왔다.

 최충의 구재학당

대식국으로 불린 이슬람 상인들에 의해 고려가 '코리아'라는 이름으로 서방 세계에 알려지게 되었다. 개경 근처 벽란도는 송, 일본, 이슬람 상인들이 드나드는 국제 무역항으로 크게 번성하였다.

최충은 신라가 망하면서 고려로 귀순한 최언위의 손자이다. 그는 22세에 문과 장원으로 뽑힌 천재였다. 최충은 30여 년 동안 중단되었던 팔관회를 열도록 왕에게 건의했다. 이 날은 등불을 밝히고 춤과 노래로 즐겼다.

문종 때가 되면서 과거를 치르지 않으면 벼슬길에 나아갈 수가 없었다. 당시 나라 소속의 국자감 외엔 사립교육기관이 없었는데, 최충이 벼슬에서 물러나면서 최초의 사립교육기관인 구재학당을 세워 젊은이들을 가르쳤다.

문종 초기 문하시중까지 오른 최충은 고려 서북지방의 흉년으로 백성들이 굶주림에 허덕이자 임금에게 이렇게 간언했다.

"폐하! 서북지방 여러 고을에 흉년이 들어 백성들이 굶주리고 있습니다. 수리사업을 전개해 부역을 금하고 백성들이 농사에 전념케 하십시오. 그리고 개경에 붙잡혀 있는 여진 추장들을 모두 석방하시옵소서."

문종이 그의 말대로 은혜를 베풀자 칭송이 자자했다.

최충은 70세가 되자 벼슬에서 물러나겠다고 청했지만 도리어 문종은 그를 위로하면서 승낙하지 않았다.

"나이 탓은 그만하시오. 몸이 불편하다면 내가 경에게 지팡이를 주겠소."

몇 년이 흐른 뒤 문종은 최충에게 벼슬에서 물러나게 한 다음 좌리공신이라는 호를 내렸다.

최충에게는 두 아들이 있었는데 큰아들 최유선은 지중추원사란 벼슬자리에 있었다. 그 역시 아버지 최충 못지않게 임금의 잘못을 직설적으로 간언했다. 문종이 덕수현에 흥왕사 창건을 허락하자 최유선은 옳지 않음을 간언했다.

"폐하, 당나라 태종은 백성들의 출가를 허락하지 않아 후대 사람들이 아름다운 역사라고 했습니다. 태조대왕께서도 '훈요십조'에 '도선국사가 산천을 두루 살펴 절을 세웠지만 후세 임금들은 함부로 절을 지어 집터의 좋은 기운을 손상하지 말라'고 하셨습니다. 이제 조상들의 은덕에 나라가 날로 부강해져 태평세월을 맞이했습니다. 폐하께서는 마땅히 나라살림을 절약하고, 백성들을 사랑한 업적을 후대에 전해야 합니다. 그런데 어찌 폐하께서는 절 때문에 나라의 재정을 소모하고 백성들에게 부역을 감당케 하여 원망을 사려고 하십니까?"

그러자 문종은 절을 짓는 일을 중단했으며, 최유선에게 이부상서의 벼슬을 제수했다.

둘째아들 최유길 역시 벼슬이 성서령에 이르렀는데 조정과 백성들에게 신임을 얻은 충신이다. 문종은 80살이 넘은 최충을 불러 공

> ◆ **구재학당**
>
> 문종 때 최충이 벼슬을 그만둔 뒤 후진 교육을 위하여 개설한 사설학당으로 국학(국자감)이 시설과 교육 내용에서 부실하자, 과거 응시 준비자들이 몰려 들었다. 이에 최충은 반을 아홉으로 나누어 사립교육 기관인 구재학당을 세웠다.

고려 163

적을 기념하는 연회를 베풀었다. 최충은 나이가 많아 두 아들의 부축을 받으며 연회장에 들어섰다. 이때 한림학사 김행경은 흰 수염을 길게 늘어뜨린 그의 모습이 마치 신선 같다며 시 한 수를 읊었다.

'상서령이 중서령을 모시고 가니
을 장원이 갑 장원을 부축하는구나'

1068년 최충이 83세로 죽자, 문종은 문헌공이란 시호를 내리고 정종사당에 함께 제사지냈다.

 대각국사 의천

고려의 국교는 불교이기 때문에 과거 제도에 승과를 두었으며, 덕망이 높은 스님을 왕사로 모셨다.

문종은 고려 불교의 총본산인 흥왕사를 12여 년에 걸쳐 완성했다. 절의 전각이 30여 채로 2천8백 칸이며, 큰 종 2개에 작은 종 16개나 되는 웅장한 사찰이었다. 그러나 이 사찰은 몽골군의 침입으로 불타 없어졌다.

불심이 강한 문종은 왕비에게 어느 왕자를 출가시킬지에 대해 물었다. 그러자 왕비는 넷째아들 의천을 추천했다. 11세 때 의천은 영통사로 들어가 경덕국사에게 불경을 공부했다. 10년이 지나 승려가 된 의천은 송나라로 유학해 불교를 더 배우고 싶었지만 왕비의 반대로 뜻을 이루지 못했다.

1083년 65세로 문종이 죽자 맏아들이 고려 12대 순종으로 즉위했

> 고려 시대에는 귀족 사회가 발전하고 불교가 융성하였다. 불교 예술이 크게 발달하여 사경과 불상, 불화 등이 많이 제작되었다.

다. 그러나 순종은 3달 만에 죽고 둘째형이 고려 13대 선종이 왕위에 올랐다. 이때 의천은 송나라로 유학할 뜻을 비치자 선종 역시 반대했다. 그렇지만 의천은 자신의 뜻을 굽히지 않고, 1085년 4월 몰래 배를 타고 송나라 서울인 동경으로 들어갔다.

당시 송나라 황제 철종은 고려 왕자가 불경을 공부하러 왔다는 소식에 그를 수소문한 끝에 궁궐로 불렀다.

"왕자가 승려가 되었다니 기쁜 일이오. 더구나 불경 공부를 위해서 말이오."

철종은 신하들에게 명을 내려 의천을 극진히 대접하라고 했다. 그 후 의천은 계성사를 거쳐 송나라 황제가 추천한 각엄사 유성법사를 만났다. 그는 유성법사를 스승으로 모시고 천태종을 공부했다.

어느 날, 의천은 유성법사와 함께 변화한 거리에 있는 찻집으로 들어가 차를 마셨다. 그때 물건을 사고파는데 돈이 사용된다는 것을 알았다.

의천은 본국으로 돌아가면 물건을 사고파는데 필요한 돈을 만들자고 건의하리라 생각했다. 그는 송나라에 머물면서 상국사, 흥국사 등에서 인도불경을 공부했고, 가끔 견문을 넓히기 위해 각 지방을 여행했다.

그러다가 대종상부사로 가서 당나라의 명승이었던 경원의 제자 밑에서 공부했다. 또한 자변대사로부터 천태종을, 정원법사에게는 천태사상을 배웠다.

의천은 1086년(선종 3년) 어머니 인예태후의 간청으로 불경 3천여 권을 싣고 고려로 돌아왔다. 그는 흥왕사에 교장도감을 두고 4,740여 권의 불경을 간행했다.

그리고 승주 선암사, 가야산 해인사 등을 둘러본 후 흥왕사 주지가 되어 천태종을 가르쳤다.

> **의천**은 송나라에 머물면서 상국사, 흥국사 등에서 인도 불경을 공부했고, 불경 3천여 권을 싣고 고려로 돌아왔다. 그리고 그는 흥왕사에 교장도감을 두고 4,740여 권의 불경을 간행했다.

▲ 해동 통보

이 무렵 고려 불교는 여러 종파로 갈라지고 세력다툼이 심했다. 1093년 5월 선종이 46세에 죽자 맏아들이 고려 14대 현종으로 왕위를 물려받았다. 왕위에 오른 현종은 삼촌 계림공 때문에 목숨이 불안했다. 그래서 현종은 1년 5개월 만인 1095년에 삼촌에게 왕위를 물려주었다.

계림공은 고려 15대 숙종으로 즉위했지만 조카에게 왕위를 찬탈했다는 백성들의 원성으로 불안했다. 그러자 의천을 불렀다. 당시 의천은 숙종의 동생이자 왕사 자격으로 임금인 형에게 불경을 가르치고 있었다.

"백성들이 조카를 밀어내고 왕위를 빼앗았다고 원망하는구나!"

"폐하, 세상사에서 마음가짐이 중요합니다. 백성들의 말보다 나랏일에 집중하십시오."

"그렇다면 묘안이라도 있는 것인가?"

"네, 백성들에게 세금을 적게 거두면 됩니다. 그리고 백성들이 물건을 사고팔 때 편리하게 사용하는 돈을 만들면 됩니다."

그러자 숙종은 1097년 주전도감을 설치하고 엽전을 만들었다. 해동통보와 은병은 이때의 화폐이다. 백성들은 처음으로 돈을 사용해 물건을 거래했고, 상업까지 발달하게 되었다. 의천의 화폐 통용론은 유통과정에서 생기는 이익을 챙기는 문벌 귀족들의 부를 경계하기 위함이었다.

이것은 화폐가 쌀, 옷감 같은 현물 화폐보다 편리하고 대민수탈을 방지할 수 있을 뿐만 아니라, 국가 경제력도 늘릴 수 있는 방법이었기 때문이다.

의천은 1101년(숙종 6년)에 죽었는데, 왕은 그에게 대각국사라는 칭호를 내렸다.

▲ 은병(활구)

윤관과 여진 정벌

발해가 거란에게 멸망한 뒤로 특히 송화강 동쪽에 살던 여진족(말갈)은 점점 남쪽으로 내려왔다. 이들은 북으로는 압록강 동쪽과 동북으로 함흥 부근까지 세력을 넓히게 되었다.

문종은 침범한 여진족을 몰아내기 위해 문정, 최석, 염한, 이의 등에게 군사 3만을 내주며 정주로 출정시켰다.

고려군 세 부대는 깊은 잠에 취해 있는 여진족들의 진영으로 함성을 지르며 공격했다. 이에 여진족들은 혼비백산하여 산 속으로 달아났고, 고려군은 때를 놓치지 않고 추격해 여진족 소굴을 점령했다.

그곳에는 수십 명의 고려 여인들과 금은보화를 비롯해 일용품까지 수북이 쌓여 있는 것을 보고 놀랐다.

문종은 개선한 군사들을 위로하고 상을 내렸으며, 이후부터 여진족들로 인한 피해가 없었다. 그 무렵 만주 하얼빈 근처에 추장 영가가 이끄는 완안족이 강성해져 함흥 부근의 갈뢰전까지 세력이 미쳤다.

이에 고려는 영가에게 사신을 보내 친교를 맺게 하고, 갈뢰전에 살고 있는 여진족들을 부추겨 영가에게 대항토록 했다. 영가가 죽자 맏아들 오아속이 아버지의 유지를 받들어 갈뢰전 여진족을 무찔러 통합하면서 정평 지방까지 침략했다.

그러자 숙종은 평장사 임간을 정평으로 보내 오아속을 공격하게 했지만 패했다. 오아속은 연전연승을 거두면서 남쪽으로 내려와 선덕관성까지 점령했다. 다급한 숙종은 윤관을 동북면 행영병마도통으로 임명해 출진시켰지만, 그 역시 패하면서 화의를 했다.

> 고려는 국경을 위협하는 여진족을 정벌하기 위하여 특별 부대인 별무반(여진의 기병에 맞서기 위해 기병, 보병, 승병으로 구성)을 조직하였다.

이에 숙종은 조정 중신들을 불러 대책을 물었다. 이때 윤관이 앞으로 나서면서 이렇게 말했다.

"신이 적군과 부딪쳐봤는데, 몹시 강했습니다. 더구나 적은 기병이고 우리는 보병이기 때문에 불리합니다."

그 후, 윤관은 별무반이라는 특수부대를 만들어 말을 잘 다룰 수 있는 자를 뽑아 기병부대인 신기군을, 20세 이상의 장정들을 뽑아 보병인 신보군을, 여러 사찰에 있는 젊은 중들을 뽑아 항마군을 창설했다.

이처럼 강한 군대를 양성하다가 1105년 숙종이 52세에 죽자 맏아들이 고려 16대 예종으로 왕위에 올랐다. 예종은 아버지 숙종의 유서를 대신들에게 보이며 이렇게 말했다.

"선왕께서 생전에 여진을 정벌하지 못한 것을 한스럽게 생각해 이런 유서를 남겼습니다. 경들은 선왕의 뜻을 받들어 여진을 무찌르도록 하시오."

그러나 조정 대신들로부터 아무런 대답이 없자 예종은 윤관에게 물었다.

"장군, 그동안 군사들을 훈련시켰는데 실력이 어떠하오?"

"백전백승할 실력을 갖추었습니다."

1107년 예종 2년 윤10월 고려는 윤관을 원수로, 오연총을 부원수로 삼아 17만 대군을 내주면서 정평 정벌에 나서도록 했다. 석상에서의 첫 싸움에서 척준경이 좌군 부장으로 나서서 크게 승리했다. 그런 후 윤관은 영주, 웅주, 복주, 길주 등 네 곳에 성을 쌓고 고려의 영토를 확장시켰다.

이런 여세를 몰아 고려군은 가한촌을 향해 병목처럼 생긴 작고 험준한 고개로 쳐들어갔다. 그러나 여진족은 이곳에 군사들을 매복시켜 윤관과 오연총이 이끄는 고려군을 포위했다.

> **별무반**은 여진의 기병에 맞서기 위해 기병, 보병, 승병으로 조직하였는데, 윤관은 별무반을 이끌고 여진족을 몰아낸 후 동북 지역에 9성을 쌓았다. 그러나 여진족이 돌려주기를 간청하고 수비하기도 어려워 결국 9성을 돌려주었다.

오연총은 적군의 화살을 맞았고, 윤관은 군사들을 많이 잃었다. 이때 척준경은 결사대 10여 명과 함께 윤관과 오연총을 구하기 위해 출전채비를 차렸다. 그러자 아우 척준신이 이를 말렸다.

그렇지만 척준경은 동생에게 부모님을 잘 부탁한다는 말을 남기고 적진으로 뛰어들었다. 적군은 척준경의 등장에 깜짝 놀랐지만 곧바로 그의 결사대와 맞섰다. 싸움이 한창 전개되었을 때 최홍종과 이관진의 구원병이 산골짜기에서 적의 뒤쪽을 공격했다.

그러자 적은 포위망을 좁히지 못하고 고려군의 공격을 막기 위해 군대 대형을 넓힐 수밖에 없었다.

이틈에 척준경은 윤관과 오연총을 무사히 구출했다. 포위망에서 탈출한 윤관은 척준경의 용감성에 감탄한 뒤 양아들로 삼았다.

얼마 후 여진 군사가 여주성을 포위해 공격했지만 척준경의 방어로 적을 무찔렀다. 이때 고려군은 적군 진지 135개를 점령했고, 포로 천여 명을 사로잡았다. 또한 고려군에게 잘린 적군의 목은 5천여 두나 되었다.

고려 군사는 이 싸움에서 크게 이겼다. 윤관은 함주, 영주, 웅주, 길주, 복주, 공험진, 숭녕진, 통태진, 진양진 등에 9성을 쌓고 남쪽 사람들을 그곳으로 옮겨 살게 하여 고구려 옛 땅의 일부를 되찾았다. 이런 공과로 윤관과 오연총은 공신 칭호를 받았다.

하지만 여진족은 기회가 있을 때마다 고려 국경을 침범했다. 이에 최홍사를 비롯한 조정 대신들은 9성을 여진에게 되돌려주자고 했다. 그러나 예부낭중 박승중, 호부낭중 한상은 끝까지 반대했다. 그렇지만 예종은 이들의 말을 듣지 않고 간신과 대신들의 의견에 따라 여진의 사신 마불과 사현 등을 불러 9성을 다시는 침범하지 않겠다는 조건으로 고스란히 내주고 말았다.

여진족은 더욱 강성해져 금나라를 세우고 요를 멸망시켰다. 또한 송나라를 남쪽으로 몰아내고 화북 지방을 차지하였다.

금은 고려에 대해서도 임금과 신하의 관계를 맺을 것을 요구하였다.

2 무신정권의 성립

　고려의 귀족은 대대로 높은 관직과 권력을 독차지하여 문벌을 이루었다. 이들은 지방 호족 출신으로 중앙 관료가 된 계열과 신라 6두품 계통의 유학자들이었다. 특히 유학자들은 성종의 유교 숭상 정책에 힘입어 정치의 주도 세력으로 성장하였다.
　한편, 이들의 자손들도 대를 이어 고위 관리가 되어 중앙 정치에 참여하면서 문벌을 형성하게 되었다. 이들 문벌의 자손들은 과거 시험이나 음서(5품 이상 고위 관직자 자제의 무시험 등용)를 통하여 관리가 될 수 있는 특권을 누리고 있었다.

　고려를 문벌 귀족 사회라고 부르는 이유가 여기에 있다. 곧, 권력을 이용하여 불법적인 토지 소유, 과전과 5품 이상 관리에게 주는 세습 토지인 공음전의 혜택을 받았다.
　이러한 정치권력의 독점과 경제적 특권의 확대를 둘러싸고, 전통적인 문벌 귀족과 지방 출신의 신진관료 세력 사이의 대립으로 나타났다. 그 대표적인 사건이 '이자겸의 난'과 '묘청의 서경 천도 운동'이었다.

이자겸의 난과 묘청의 난

　문벌 귀족 사회가 전개되면서 문벌 귀족들은 자기들끼리만 혼인 관계를 맺었다. 특히, 최고 귀족이라 할 수 있는 왕실과의 혼인을 통해 자신의 문벌을 높이고 정권을 장악하려 하였다.

　그 대표적인 문벌은 경원 이씨로 문종 때부터 인종 때까지 80년간 정권을 잡았다. 곧, 이자겸은 예종과 인종 때에 거듭 외척이 되어 그의 세력이 왕권을 능가할 정도였다.

　1122년 예종이 죽자 13세의 어린 태자가 뒤를 이을 준비를 하고 있었다. 이때 숙부 대방공과 대림공이 임금 자리를 노리고 있었다. 그러나 그들의 음모를 눈치챈 외할아버지 이자겸은 군사를 동원한 다음 태자를 고려 17대 인종으로 등극시켰다.

▲ 송광사 노비문서

　그렇지만 이자겸은 인종을 앞세워 권력을 휘두르며 사리사욕을 채웠다. 더구나 그는 자신의 권력을 연장시키기 위해 셋째딸과 넷째딸을 인종에게 시집보냈다. 이중 넷째딸은 왕비가 되었다.

　그녀들은 인종에게는 어머니의 동생이며 이모였다. 특히 이자겸은 자신의 정적들을 참하거나 귀양 보냈다.

　이 사건 이후부터 대신들은 이자겸 앞에서는 고양이 앞의 쥐 꼴이었다. 그렇지만 인종은 점점 나이가 들면서 외할아버지 이자겸을 눈에 가시처럼 여겼다. 이자겸이 권세를 움켜쥔 것도 사돈 척준경의 후광이 컸다.

　그러자 인종은 내시녹사 안보린과 내시지후 김찬에게 이자겸을 제거하라고 명을 내렸다. 그들은 그를 척살하기 위해 집으로 쳐들어갔지만 도리어 그의 군사들에게 사로잡히고 말았다.

이때부터 이자겸은 임금을 제거하고 자신이 그 자리에 오르겠다는 음모를 꾸며 난을 일으켜 궁궐까지 불태웠다(1126년). 하지만 충신 내의군기소감 최사전은 이자겸의 세력을 잠재우기 위해서는 척준경과 사이를 떼어 놓아야겠다고 생각했다.

그는 어느 날, 비밀리에 인종을 만나 이자겸을 없앨 계략을 말했다. 임금은 흔쾌히 승낙하고 그에게 명령을 내렸다.

최사전은 하인 문제로 이자겸과 척준경 사이가 좋지 않다는 사실을 알고 먼저 척준경을 찾아갔다. 최사전은 그를 만나 잡담을 나누다가 은근슬쩍 주제를 바꿨다.

"소문을 듣자하니, 이자겸 대감께서 척 장군을 의심한다고 합니다."

그 순간 성격이 급한 척준경은 얼굴이 벌겋게 달아오르며 말했다.

"뭐요? 누가 그런 엉뚱한 소리를 한단 말이오?"

"보아하니, 이 대감께서 척 장군의 세력이 커져 불편해진 모양이오."

"그자가? 그자가 어떻게 그럴 수가 있어!"

"고정하시고, 이번에 대감께서 폐하께 충성하면 해결되지 않겠소?"

최사전의 보고를 받은 인종은 척준경에게 은으로 만든 안장을 얹은 백마 한 필과 은병 수십 개를 내렸다.

황송한 마음에 척준경은 이자겸을 체포해 인종 앞으로 끌고 갔다. 그러자 인종은 이자겸을 전라도 영광으로 귀양 보내고 그의 아들을 귀양 보냈다.

이후 척준경은 조정의 실력자로 군림하기 시작했다. 또한 인종은 이자겸의 딸인 두 왕비를 쫓아내고 임원애의 딸을 새 왕비로 맞았다. 새 왕비를 간택하기 며칠 전 인종은 최사전에게 이렇게 말했다.

> 고려의 귀족은 대대로 높은 관직과 권력을 독차지하여 문벌을 이루었다. 이들은 왕실이나 비슷한 가문끼리 혼인을 하여 더욱 세력을 키웠다.

"지난날 꿈에 선녀가 나에게 왔소. 그 선녀는 짐에게 깨 닷 되와 아욱 세 단을 줍디다. 도대체 이게 무슨 꿈인 게요?"

"정확한 것을 천관에게 알아보겠습니다."

최사전은 천관에게 꿈 해몽을 듣고 임금에게 아뢰었다.

"폐하! 임씨 성을 가진 분을 왕비로 간택하면 아들 다섯을 얻고, 삼형제가 임금이 된다는 했습니다."

인종은 꿈 해몽에 맞춰 임원애의 딸을 왕비로 간택했다. 과연 꿈처럼 인종 5년 4월에 맏아들이 태어났고, 그 후 네 아들을 차례대로 얻어 다섯 왕자가 되었다. 이들은 훗날 의종, 명종, 신종으로 등극했다.

그 무렵 이자겸이 난을 일으켜 궁궐이 불타고 민심이 매우 어수선하여 개경의 땅 기운이 다했다는 풍수지리설이 널리 퍼졌다. 이때 묘청과 정지상 등의 서경 세력은 이를 이용하여 도읍지를 서경으로 옮길 것을 주장했다.

묘청은 백수한, 정지상 등과 함께 서경으로 서울을 옮겨 새 정치를 펴고자 하였다. 또한 다른 나라와 동맹하여 금나라를 공격하자고 주장하였다.

묘청의 말에 귀가 솔깃해진 인종은 서경에 궁궐을 짓게 하고 자주 행차하였다.

그들은 서경으로 도읍지를 옮기자는 것과 척준경의 횡포 또한 낱낱이 보고해 귀양 보낼 것을 주장했다. 당시 척준경은 이자겸을 없앤 공으로 중서문하평장사에 올라 공신 대우를 받고 있었다.

그렇지만 무인이기에 글을 좋아하는 임금과는 거리가 멀어졌다. 그들은 그를 제거할 계략을 인종에게 말했다.

"폐하! 갑자기 영을 내려 척준경이 군사를 동원할 시간을 빼앗으면 성공할 수 있습니다."

◈ 묘청의 서경천도 운동

서경 천도 계획이 중지되자 묘청은 서경에서 난을 일으켰다. 그러나 묘청은 부하의 배신으로 살해 당하였으며, 반란은 11년만에 진압되었다. 또한 김부식을 비롯한 개경 귀족 세력들은 서경 천도를 반대하였다.

며칠 후 인종은 갑자기 명을 내려 척준경을 귀양 보내고 말았다. 조정에서 무인 척준경이 제거되면서 문신 김부식과 정지상의 세력이 커졌다.

1129년 인종 7년 서경에 짓고 있는 궁궐 대화궁이 완성되었다. 그러자 서경으로 도읍지를 옮기자는 묘청, 정지상 일파와 이를 반대하는 개경파 대신들 김부식, 임원애, 이지서 등이 맞섰다. 이에 김부식과 정지상의 사이가 나빠졌다.

그래서 왕비 아버지 임원애는 묘청을 제거해야 한다는 상소문까지 올렸던 것이다. 이 소문을 들은 묘청은 1135년 1월 서경에서 조광, 유참 등과 함께 평양을 '대위국'으로 칭하고, 나라를 세워 연호를 천개, 군대 호칭을 천견충의군으로 명명해 반란을 일으켰다. 그들은 순식간에 서북 지역을 차지했다.

다급해진 인종은 묘청의 반란을 진압하기 위해 김부식을 평원수로 삼았다. 김부식은 출정에 앞서 말했다.

"폐하! 개경에 묘청의 무리들이 남아 있는데, 먼저 그들의 목부터 베어야 합니다."

이에 인종은 김정순에게 명하여 정지상 일당을 참하도록 했다. 이때 정지상, 백수한, 김안 등이 죽었다.

김부식은 서경을 포위하여 꼼짝 못하게 한 다음, 전쟁을 서두르지 않고 느긋하게 기다렸다. 그러자 서경성 안의 식량이 바닥나 무너지고 말았다. 그는 묘청의 반란군을 진압하고 무사히 개경으로 돌아왔다.

묘청의 반란을 진압한 김부식의 세도가 더욱 높아졌고, 아버지의 힘을 믿고 아들 김돈중도 거만해졌다. 김돈중은 1140년 12월 31일 궁전 나례(민가와 궁정에서 잡귀를 쫓기 위하여 베풀던 의식)에서 인종의 신임을 받고 있는 정중부가 눈에 거슬려 촛불을 켜는 척하면서 긴 수염을 태웠다. 화가 난 정중부였지만 자신이 무인이고 권세가

묘청 (?~1135)

서경(평양) 출신으로 승려인 묘청은 정지상과 함께 신진 관료들이 중심이 된 서경 세력의 대표적인 인물이었다.

이자겸의 난으로 고려 사회가 어수선한 가운데, 서경의 기운이 왕성하니 서경으로 도읍지를 옮겨 금나라를 정벌하자고 주장하였다.

그러나 개경파 대신 김부식 등의 반대로 서경 천도 계획이 중단되자, 묘청 등은 서경에서 난을 일으켰다. 그러나 묘청은 부하의 배신으로 살해당하였으며, 1년 만에 반란이 정부군 김부식에 의해 진압되었다.

의 아들인지라 애써 참았던 것이다.

개경과 서경(평양)을 중심으로 싸움이 일어난 이유는 고려를 세울 때부터 개경은 많은 귀족들이 왕실을 중심으로 모여 있던 곳이었다. 이미 많은 귀족들이 개경 주변의 땅을 모두 차지하였기 때문에 새롭게 나온 귀족들은 차지할 땅이 없었다. 그래서 나중에 나타난 세력들은 서경으로 서울을 옮겨 자기의 기반을 다지려고 하였던 것이다.

시간이 갈수록 귀족 정치의 문제점은 자꾸 늘어났다. 그래서 '이자겸의 난'과 '묘청의 난'이 일어난 것이다. 귀족들은 자기들의 이익만 챙기려는 정치와 외교가 계속되었는데 이러한 가운데 마침내 '무신의 난'이 일어나면서 귀족사회는 점차 무너지기 시작했다.

이 무렵, 무신의 지위는 관직 승진에 제한이 있어 정3품인 상장군까지만 올라갈 수 있었다. 군대의 최고 지휘관조차 문신이 맡았다. 강감찬 · 윤관 등은 모두 문신이었다.

> **김부식 (1075~1151)**
> 김부식은 신라 왕실의 후예로 과거에 급제한 문신이자, 문벌 귀족이었다. 김부식을 비롯한 개경 귀족 세력은 유교 이념에 충실히 따라 사회 질서를 바로잡아야 한다고 역설했다. 그리고 서경 천도를 반대하여 정부군의 사령관으로서 묘청의 난을 진압하였다. 또한 김부식은 인종의 명에 따라 『삼국사기』를 편찬하였다.

 무신정변 발생

고려의 무신은 오랫동안 문신에 비해 차별을 받아 불만이 커져갔다. 또, 토지를 제대로 지급받지 못했으며, 각종 공사에 동원된 하급 군인들의 불만도 컸다.

1146년 2월 인종이 죽자 20세의 태자가 뒤를 이어 고려 18대 의종으로 왕위에 올랐다. 총명하기로 이름난 의종은 태자로 봉해졌을 때부터 풍류를 좋아했다. 그런 의종이었기에 임금이 된 후부터 매일 큰 잔치로 허송세월을 보냈다.

그러자 나라를 걱정하는 충신 정습명이 여러 차례 간언했지만 의종은 아예 들은 척도 하지 않았다. 이를 안타깝게 생각한 정습명은 장문의 유서를 써 놓고 자결했다. 그는 의종이 태자였을 때 왕사(스승)였다.

그렇지만 의종 측근에는 환관 정함, 내시사령 영의, 형부낭중 김돈중, 정성 등의 간신배들로 둘러싸여 있었다. 특히 환관 정함은 의종의 비위를 기가 막히게 잘 맞췄다. 이때 천성이 간사한 김돈중은 충신 정서를 모함했다.

"정서일파가 대령후 왕경과 친하게 지내면서 왕위를 노리고 있습니다."

이에 발끈한 의종은 조사도 없이 정서에게 벌을 내리려고 하자 어머니 공예태후가 놀라 임금을 나무랐다.

"황상은 어찌 간사한 무리의 말만 듣소. 정서에게 벌을 내리는 것은 신중에 신중을 기해야 하오."

어머니의 꾸중을 들었지만 의종은 정서를 고향 동래로 낙향시켰다. 정서는 낙향해 호를 '과정'으로 짓고 임금의 부름을 기다렸다. 그러나 끝내 자신을 부르지 않자 안타까운 마음에서 '정과정곡'이란 노래를 지어 불렀다.

> '내 임이 그리워서 울더니
> 산 접동새 또한 나와 같으오이다.
> 시비를 묻지 마라
> 새벽달 샛별이 아시리로다
> 넋이라도 임과 함께 가고 져라
> 아! 늘 말하시던 이 누구시던가
> 죄도 허물도 없소이다.
> 여럿의 참언일랑 듣지 마소서
> 슬프구나! 임이 벌써 나를 잊으셨사옵니까

❖ 무신의 지위

무신은 관직 승진에 제한이 있어 정3품인 상장군까지만 올라갈 수 있었다. 군대의 최고 지휘관조차 문신이 맡았다. 강감찬, 윤관 등은 모두 문신이었다.

아서라 임아, 내 간곡한 정회(情懷)를 들으사
날 총애하여 주옵소서.'

정치에 뜻을 잃은 의종은 놀이와 연회를 즐겼으며, 경치 좋은 곳에 정자를 짓는 등의 공사에 백성과 군인들을 동원하였다.

어느 날, 의종은 개경에서 멀리 떨어진 보현원으로 향했다. 중간쯤 갔을 때 의종은 하늘이 청명하고 기분까지 상쾌해 신하들과 술 한 잔을 나누기 위해 행차를 멈췄다.

"여기서 목을 축이자. 무신들은 수박희로 무술을 자랑하여라."

▲ 수박희

수박은 주로 손을 써서 상대를 공격하는 무예로, 고려에서 인기 있는 무술 경기 중 하나였다.

무신들이 제각기 자신의 권법을 자랑한 후였다. 대장군 이소응이 젊은 무사와 재주를 겨루게 되었는데, 이소응은 힘이 장사였지만 예순이 가까운 노인이라 젊은 무사에게 지고 말았다.

이때 환관 한뢰가 경기장으로 뛰어와 이소응의 뺨을 후려쳤고, 여러 문신들까지 그를 비웃었다. 이때 화가 치민 정중부가 벌떡 일어나 한뢰의 멱살을 움켜잡고 소리쳤다.

"이놈! 이소응은 비록 늙었지만 삼품대장군이다. 감히 누구에게 손찌검을 하느냐?"

모든 군사들이 정중부를 쳐다보는 순간 무신 이고가 한뢰를 없애겠다고 눈짓했다. 이를 눈치챈 의종은 경기장으로 내려와 정중부의 손을 잡고 이렇게 말했다.

"장군, 진정하시오. 오늘은 모두가 즐겁게 노는 날이 아니오?"

의종의 말에 정중부는 분함을 참고 그를 놓아 주었다.

그날은 1170년 8월이었다. 의종은 궁궐로 돌아가지 않고 보현원으로 떠났다. 앞에는 선발대가 섰고 가운데는 임금을 호위하는 정중부 등의 무신들이 말을 타고 따랐다.

　말 위에서 한참을 생각한 정중부는 이고와 이의방에게 뒷길을 이용해 보현원에 먼저 도착해 있다가 차례로 문신들을 전부 척살하라고 명령했다.

　정중부의 명령을 받은 그들은 앞질러 보현원에 도착했다. 날은 어두워졌다. 보현원 문 앞에는 이고와 이의방이 군사들과 함께 숨어 있었다. 의종 일행이 문을 들어섰고 그 뒤를 따르던 문신들이 들어서는 순간, 이고가 임종식과 이복기를 척살했다.

　이를 목격한 김돈중은 도망쳤고 한뢰는 의종에게 무신들이 난을 일으켰다고 보고한 다음, 용상 밑으로 숨었다. 이어 정중부와 이고가 들어오자 의종은 점잖게 타일렀다.

　"장군, 왜 이러시오? 그리고 까닭을 이야기해 보시오."

　그렇지만 정중부는 아랑곳 하지 않고 이고가 용상 밑에 숨어 있는 한뢰를 끌어냈다.

　그러자 한뢰는 의종의 용포자락을 잡고 애원했다.

　"폐하! 제발 살려 주옵소서!"

　이고가 그런 한뢰를 잡아채자 용포자락이 찢어졌고 그가 넘어지는 순간 목을 내리쳤다. 의종은 그저 어안이 벙벙하여 아무 말도 못했다. 잠시 후 의종은 김석재를 시켜 모두 밖으로 나가라고 명했지만 무신들은 꼼짝도 하지 않고 서 있었다. 재차 의종의 명이 떨어지자 무신들은 의종과 함께 있던 문신들을 끌어내 모두 죽였다. 이때 정중부가 부하장수들에게 물었다.

　"김돈중을 포획했느냐?"

　"그놈은 벌써 달아난 것 같습니다."

　"당장 개경으로 달려가 잡아라! 그 놈이 태자를 내세워 우리를 역적이라고 둘러대면 어떻게 되겠느냐?"

　급히 군사들은 개경으로 달려갔다가 한밤중이 되어서야 돌아와

> 정중부를 비롯한 무신은 정변을 일으켜 많은 문신을 죽이고 국왕을 교체한 후 정권을 장악하였다.
> 무신들은 사병을 길러 권력 다툼을 벌였고, 실력을 가진 자가 신분을 상승시킬 수 있었다.

정중부에게 보고했다.

"장군! 김돈중은 아직 개경에 도착하지 않았습니다."

"그러면 됐다! 어서 출발하자!"

정중부는 이고, 이의방, 이소응 등과 함께 대궐로 돌아와 문신들을 닥치는 대로 죽였다. 특히 의종에게 아첨하던 간신배들을 모두 죽였다.

그때 궁중에서 숙직하던 문신 문극겸이 가로막았다. 그는 의종에게 직언을 간하다가 미움을 받은 충신이다. 이의방이 문극겸을 베려는 순간 정중부가 말렸다.

"문극겸은 충신이다. 우린 충신을 죽여선 안 된다."

평소 문신들로부터 천대받던 그였지만 충신 문극겸을 알아보고 목숨을 구해 주었다.

이튿날 정중부는 의종과 태자를 내쫓고 의종의 동생 익양공을 고려 19대 명종으로 등극시켰다. 이와 함께 그는 군사를 풀어 감악산에 숨어 있던 김돈중을 찾아내 목을 베고, 의종은 경주로 귀양 보냈다.

이후 무신들의 회의 기구인 '중방' 이 기존의 정치 기구를 대신하여 최고의 권력 기관이 되었다.

무신정변이 성공하자 의종은 정중부를 상장군으로, 이고와 이의방을 중낭장으로 승진시켰으며, 다른 무관들도 한급씩 승진시켜 무신 집권을 공식 승인하였다. 그런데 내시와 환관 10여 명이 정중부 일당을 치려고 모의를 꾸미다가 잡혀 죽었다.

죽이고 쫓기는 무신의 반란

'무신의 난' 이후 무신들은 권력을 차지하기 위해 서로 다투어 최고 권력자가 자주 바뀌었다. 곧, 정중부, 이의방, 이고는 조정의 공신이 되었는데, 이고는 다른 욕심을 품기 시작했다. 그는 정중부를 버거운 상대로 생각했고, 이의방은 가볍게 생각했다.

그래서 이고는 이의방을 누르기 위해 개경 불량배들을 모으는 한편, 법운사의 승려 수혜와 결탁했다. 수혜는 여진족 토벌을 위해 윤관이 창설한 항마군 대장 출신이었다. 이고가 수혜를 은밀히 만나 이렇게 말했다.

"태자 혼례식 때 이의방을 제거할 테니 항마군을 대기시키게."

"차질 없이 하겠소."

그러나 이들의 음모를 교위 김대용의 아들이 알고 아버지에게 알렸다. 김대용은 친구이자 내시 채원에게 전달했다. 채원은 잠시 머뭇거리다가 이의방을 찾아가 알려 주었다.

"저런 괘씸한 놈! 네 마음대로 되는지 두고 보자!"

1171년 이의방은 이고와 수혜를 죽였다. 즉 이고의 과욕이 죽음을 불러왔던 것이다. 그리고 2년 후인, 1173년 8월 장수 김보당은 경주로 귀양 간 의종을 다시 복권시킨다는 명분으로 반란을 일으켰다. 이 반란은 부하의 밀고로 실패하고 말았다. 이에 반란의 원인을 제거한다는 명분으로 이의방은 심복 이의민을 경주로 보내 의종을 척살하게 했다.

이보다 1년 전인 1172년 귀법사 승려 백여 명이 반란을 일으켰고, 1174년 서경유수 조위총이 자비령 이북의 세력과 함께 반란을 일으켰다.

1176년 공주 명학소에서 망이와 망소이가 민란을 일으켜 공주를 차지했다. 이처럼 전국 각지에서 반란이 일어나자 조정에서는 장황재를 대장군으로 임명해 모두 평정했다.

이 무렵 권력의 실세 이의방은 자신의 딸을 명종 태자에게 시집보내 세력을 넓힐 계획을 세웠다. 그러나 태자는 이미 태자비를 맞이한 기혼자였다. 그렇지만 그는 억지로 태자비를 퇴출시키고 자신의 딸을 태자비로 삼게 했다.

그때 정중부의 아들 정균은 이의방의 세력이 점점 커지자 경계하

이의민

이의민의 어머니는 절의 종이었다. 하지만 이의민은 군인이 되어 김보당 세력을 토벌하고 의종을 직접 살해하였다. 경대승이 병으로 죽자 최고 권력자가 되었다. 그러나 그도 최충헌에게 제거되었다.

기 시작했다. 마침 서경에서 조위총이 반란을 일으켜 윤인첨이 토벌하기로 했다. 그는 출발에 앞서 군사를 사열하고 있을 때 이의방이 감독으로 나왔다. 그러자 정중부의 아들 정균이 이의방의 뒤를 따라가 살해했다.

이의방을 제거한 정균은 태자비가 된 이의방의 딸을 대궐에서 쫓아냈다. 이로써 70세의 정중부가 아들 덕분에 고려 최고 실력자가 되었다. 정균은 아버지의 세력을 믿고 조강지처를 내쫓고 젊은 여자와 혼인했다. 더구나 궁녀들까지 마음대로 가지고 놀았다. 그러나 명종은 그의 세력 앞에 허수아비였지만 경대승만은 정균을 좌시하지 않고 있었다.

26세의 경대승은 청주가 고향으로 15세 때 장수의 반열에 올랐다. 그의 수하에는 천하장사 허승이 따랐는데, 경대승은 그를 불러 정균의 횡포에 울분을 토했다.

"장군께서 정균을 친다면 전 여러 대장들과 함께 따르겠습니다."

"반드시 난봉꾼 정균을 내 손으로 죽일 것이야."

"장군, 9월 보름 궁중에서 장경회가 이틀 동안 열립니다. 그때 군졸들은 피곤에 지쳐 곯아떨어져 있을 것입니다. 이날 거사하시면 됩니다."

1179년(명종 9년) 경대승은 대궐 밖에서 장경회가 끝나기를 기다렸고, 허승은 정균의 처소로 숨어들었다. 정균이 놀라 몸을 일으키는 순간 그의 목은 순식간에 떨어졌다.

허승의 신호로 경대승은 자신을 따르는 군사들과 함께 공격했는데, 공교롭게도 정중부 사위 송유인이 보이지 않았다. 그래서 경대승은 군사들과 함께 그의 집으로 달려가 집에 불을 질렀다. 순간 놀라서 뛰어나오는 그의 목을 베었다.

그 다음 경대승은 정중부의 집으로 달려갔지만 이미 도망치고 없었다. 군사들은 농가에 숨어 있는 그를 찾아내 죽였다. 상황이 끝

공주 명학소에서 일어난 **망이·망소이** 형제의 봉기는 일반 군현에 비해 더 무거운 세금 부담에 시달리던 특수 행정 구역 사람들의 불만이 터져 나온 결과였다.

나자 경대승은 대궐로 들어가 명종에게 자초지종을 설명했다.

"폐하! 정중부 무리들을 모두 처단했습니다."

그의 보고를 받은 명종은 그저 고개만 끄덕이다가 입을 열었다.

"경이 알아서 나랏일을 처리하시오."

경대승은 명종의 윤허로 나라를 잘 다스려보겠다고 생각했다. 하지만 허승은 태자 방 근처에서 술을 마시고 궁녀들과 어울리기 일쑤였다. 이에 경대승은 허승에게 죄를 물어 죽였다.

고려의 권력을 손아귀에 쥔 경대승은 자신의 세력을 키우기 위해 사람을 풀어 대궐 안팎을 감시했다. 그러던 중 뜻밖에 자신의 목숨을 노리는 자가 부지기수라는 보고를 받는다. 이에 경대승은 무예가 뛰어난 군사들을 뽑아 자신을 지키는 '도방'을 구축했다.

경대승이 30세가 되면서 병으로 자리에 누웠다가 1183년 7월에 단명했다.

이처럼 무신들은 저마다 사병을 확대하고 권력 쟁탈권을 전개하였다. 그러자 사회는 불안정하고 중앙정부의 지방 통제력이 약화되어 농민과 천민들의 봉기가 빈번하게 일어났다.

도방(都房)은 무력 지배기구로 새로이 조직된 사병 집단을 말한다. 당시 사적인 무력집단으로는 도방 이외에도 삼별초(三別抄)와 마별초(馬別抄)를 들 수 있었다.

❈ 최씨 무신정권의 세력 기반

최씨 무신 정권이 60여 년간 지속될 수 있었던 것은 교정도감, 정방 등을 설치하여 정치적 기반을 다졌기 때문이다.

최씨의 무신정권

무신의 반란 이후 그들은 권력을 차지하기 위해 최고 권력자가 자주 바뀌었다.

경대승이 30세의 나이로 단명하면서 남은 권력자는 이의민뿐이었다. 그는 이의방의 명령으로 경주로 내려가 의종을 살해하고 개경으로 돌아오기 위해 기회를 노리고 있었다. 이때 경대승의 반란으로 정중부가 죽자 몸을 숨겼다.

그러나 그는 경주에서 명종에게 연락해서 자신을 불러달라는 청을 넣었다. 명종은 후환이 두려워 이의민을 불렀고 그는 조정에서 권력을 쥐었다. 이의민은 경주에서 태어났고 힘이 장사였다. 싸움을 잘해 경주 일대에서 이름깨나 날린 건달 두목이었다.

이의민의 아들 이지영과 이지랑은 그의 권력을 믿고 안하무인이었다. 어느 날 이지영은 최충헌의 아우 최충수에게 집에서 기르는 비둘기를 달라고 윽박질렀다.

최충수가 거절하자 하인을 시켜 그를 잡아서 볼기를 때렸다. 최충수는 억울하고 분해 형 최충헌에게 분통을 터뜨렸다.

"형님, 억울해서 못 살겠습니다. 그들을 그대로 내버려 둬서는 안 됩니다."

"지금은 뾰족한 수가 없다. 억울해도 참고 기다려 보자."

1196년(명종 26년) 4월, 명종은 보제사로 나들이를 갔지만 이의민은 몸이 불편하다는 핑계로 미타산 별장에 있었다. 이의민의 일거수 일투족을 살피던 최충헌 형제는 조카 박진재와 부하 노석숭과 함께 미타산 별장을 습격했다.

박진재의 칼에 이의민이 쓰러지자 최충헌은 이의민의 머리를 베어 칼끝에 꿰어 개경 저잣거리를 돌며 외쳤다.

"역적 이의민의 목을 베었다!"

한편 아버지가 최충헌의 손에 죽자 이지순, 이지영, 이지랑 삼형제는 복수를 결심하고 군사를 동원해서 최충헌의 집으로 쳐들어갔다. 하지만 미리 준비하고 있던 최충헌의 군사들에게 기습공격을 당해 패했다.

최충헌은 집권 초 사병 조직인 도방을 기반으로 권력을 장악하였고, 하층민의 봉기를 진압하였다. 그리고 최고 권력기구 교정도감을 설치하여 조세를 징수하고 관리를 감찰하는 등 막강한 권력을 행사하였다.

조정에서는 최충헌 형제에게 공신의 칭호를 내리고 그들의 시대가 막을 열었다.

1197년 9월 최충헌은 명종을 내쫓고 허수아비로 그의 아우를 고려 20대 신종으로 등극시켰다.

한편 형을 도와 권력을 쥔 동생 최충수는 세력을 키우기 위해 자신의 딸을 태자비로 만들겠다고 결심했다. 하지만 신종의 맏아들 태자에게는 태자비가 있었다. 그렇지만 최충수는 태자를 찾아가 태자비를 쫓아내라고 위협했다.

그러자 목숨에 위험을 느낀 태자는 태자비를 궁에서 내보냈다. 그렇지만 형 최충헌은 이것이 백성들에게 알려져 비난받는 것을 두려워했다.

> 최충헌은 자신의 집권 중에 명종과 희종을 폐하는 등 마음대로 왕을 교체하고 옹립하였는데 이는 그의 권력이 왕권을 능가하였음을 보여 주는 것이다.

최충헌은 몇 번을 불러 최충수를 타일렀지만 말을 듣지 않았다. 그래서 최충헌이 어머니에게 부탁하자 그를 불러 꾸짖었다.

"충수야, 사람은 분수에 맞게 살아야 탈이 없다. 왜 태자비에게 그런 짓을 했느냐?"

이 말에 화가 난 최충수는 어머니를 밀쳤는데 넘어지면서 피를 토하고 말았다. 그러자 최충헌은 화가 나서 아우의 집으로 곧장 쳐들어갔다. 이때 최충수는 형이 군사를 거느리고 쳐들어온다는 소리에 깜짝 놀라 사람을 보내 용서를 빌었다. 결국 최충헌은 동생 충수를 참하고 말았다.

권력을 독차지한 최충헌은 무신의 행패가 너무 심해져 걱정했다. 그래서 이규보, 최자에게 벼슬을 주어 나랏일을 돕게 하였다. 이 무렵 최충헌도 신변에 위험을 느껴 그 역시 경대승이 설치했던 도방제도를 부활시켜 '도방정치'를 시작했다. 그는 도방에 들어 앉아 대신들을 불러 정사를 처리했다.

최충헌이 권력을 차지하면서 평화가 찾아오는 듯했지만 1204년 1월 신종이 죽고 태자가 고려 21대 희종으로 왕위에 올랐다. 희종은 최충헌을 좋게 보지 않았지만 진강후 벼슬을 내리고 남산에 큰 집을 지어 주었다.

어느 날 희종은 최충헌이 입궐하는 순간 숨겨 둔 군사들을 시켜 죽이려고 했다. 하지만 최충헌은 김약진과 정숙첨의 도움으로 간신히 목숨을 구했다. 그는 도방으로 돌아와 군사를 동원해 희종을 강화도로 내쫓고, 60세인 명종의 태자를 고려 22대 강종으로 등극시켰다. 강종은 이의방의 딸인 옛 태자비를 궁궐로 들이려 했지만 최충헌의 반대로 뜻을 이루지 못했다.

무신정권의 변화

이의방 → 정중부 → 경대승 → 이의민 → 최충헌 → 최우 → 최항 → 최의 → 김준 → 임연 · 임유무

* 중방 : 정중부, 이의방들로 구성된 무신들의 최고 회의 기구로, 무신 정변 직후 최고 권력기구의 역할을 하여 토지와 노비를 늘려갔다.
* 무신 정권에 대한 반발 : 서경 유수 조위총과 동북면 병마사 김보당의 난이 일어났고, 귀법사의 난과 같은 불교 사원의 반란도 있었다.
* 최씨 정권의 권력기구
  • 교정도감 : 최씨 정권의 최고 권력기구로서 정적을 숙청하고 감시하는 역할을 하였다.
  • 정방 : 인사권을 행사하는 기구로, 최우가 자신의 집에 설치하였다.
  • 삼별초 : 최씨 정권을 유지하는 군사적 기반으로 좌별초 · 우별초와 함께 몽고에 포로로 잡혀갔던 병사들로 조직된 신의군으로 구성되었다.

최씨 정권은 몽골과의 전쟁 중에 마지막 권력자인 최의가 살해당하면서 무너졌다. 이 후 몽골의 지원을 받은 국왕에게 권력이 돌아가면서, 무신정권은 막을 내렸다.

이후, 몽골이 침략하자 당시 집권자였던 최우는 도읍을 강화도로 옮기고, 삼별초 조직을 강화하여 몽골 침략에 저항하였다. 그러나 이를 비판하던 문신세력과 국왕이 무신 정권을 무너뜨린 후 개경으로 환도하였다.

최씨 정권의 권력기구

최씨 정권 이전에는 무신들의 회의기구인 중방이 최고권력기구였으나 최충헌이 집권한 이후에는 교정도감이 이를 대신하게 되었다. 교정도감은 처음에는 반대 세력을 제거하기 위해 설치되었으나, 점차 국정 전반에 걸친 최고 통치기구가 되었다.

최충헌의 아들 최우는 관리의 임명을 담당하는 정방을 자신의 집에 두고 통치에 이용하였다.

한편, 최씨 정권은 도방과 삼별초를 호위기구로 삼았다. 원래 도방은 최충헌 이전에 권력을 가졌던 경대승이 신변을 보호하기 위해 만든 것이었다. 삼별초는 처음에 도적을 잡기 위해 만든 야별초로 시작하여, 이후 좌·우별초로 확대되었다.

여기에 몽골에 포로로 끌려갔다 도망친 군사들로 조직된 신의군과 합쳐 삼별초가 되었다.

최씨 정권은 위와 같은 권력기구를 기반으로 다른 무신 정권과 달리 비교적 안정된 권력을 유지할 수 있었다.

▲ 최충헌 묘지명
(일본 도쿄 국립박물관 소장)
최충헌이 죽은 뒤 같이 묻힌 것으로, 최충헌의 일대기가 적혀 있다.

3 대몽항쟁과 삼별초

13세기에 들어서면서부터 동북아시아 정세에 큰 변화가 나타났다. 즉, 금나라가 쇠약한 틈을 타서 거란족이 반란을 일으킨 데다 칭기즈칸이 초원지대에 살던 몽골의 여러 부족을 통일한 후 세력을 확대해 갔다.

몽골이 먼저 금나라를 공격하자 금나라의 지배를 받던 거란족이 이 틈을 이용하여 반란을 일으켰으나, 거란족은 몽골군에 쫓겨 고려 영토로 들어왔다.

이때 고려는 몽골군과 연합하여 강동성에서 거란족을 물리쳤다.

고려는 이를 계기로 몽골과 외교 관계를 맺었으나 몽골은 해마다 많은 물자, 공물을 요구해 와 갈등을 빚었다.

이무렵 고려에 왔던 몽골 사신 저고여가 국경지대에서 여진족에게 피살당한 사건이 일어나자, 이를 구실로 몽골은 고려와의 외교 관계를 끊고 살리타가 군대를 이끌고 침입해 왔다(제1차, 1231년).

한편 대몽항쟁에 앞장섰던 삼별초는 몽골과의 강화에 반대하여 배중손의 지휘 아래 강화도에서 반기를 들었다. 그리고 그들은 진도와 제주도로 장소를 옮겨 항쟁을 계속하였으나 결국 삼별초의 항쟁은 여·몽 연합군에 의해 진압되었다.

❖ **몽골 제국의 성립**

기마병을 앞세운 몽골 제국은 정복 활동에 나서, 동아시아에서 유럽에 이르는 대제국을 건설하였다.

칭기즈칸, 몽골의 침입

몽골족은 본래 흑룡강 상류에 살던 유목 민족으로 대대로 요나라, 금나라에 속해 있었는데, 고려 신종 때에 태무진이란 영웅이 그 씨족 중에서 일어나 주변 부족을 쳐서 통일하고 1206년에 대한(군주의 칭호)의 자리에 앉아 호를 '칭기즈칸'이라 하였다.

그 이후 세력이 더욱 강해져 서쪽으로 남쪽으로, 혹은 동쪽으로 뻗어나갔다. 그리고 마침내 금나라를 침략하여 황하 이북의 땅을 차지하니, 금나라의 힘은 날로 쇠약해지고 내부적으로는 분열과 파탄이 생겼다.

이때 금나라에 속하였던 북방의 거란족은 이 틈을 타 금나라를 박차고 대요국을 세웠다. 그러나 얼마 후에 몽골에게 쫓기어 거란인은 힘이 약한 동쪽의 고려로 밀려 들어와 고려의 서북쪽 지방을 공격하였다.

고종 4년(1217년)에 거란인은 다시 남쪽으로 뻗어 내려와 개경을 위협하고 다시 동쪽으로 향하여 철원, 원주 등을 짓밟는 등 횡포를 부렸다.

김취려 장군은 원주 남쪽에서 이들을 무찔러 거란인들은 동북 여진 땅으로 달아났다. 그러나 얼마 후 거란은 여진의 힘을 얻어 다시 함경도와 평안도에서 노략질을 일삼았다.

이때 몽골은 두만강 유역에 자리 잡은 동진과 손을 잡고 힘을 합하여 거란의 잔당을 토벌하기로 하였다. 그리하여 몽골과 동진 연합군은 반도의 동북쪽으로부터 나타나 거란의 모든 근거지를 무너뜨렸다.

그런데 때마침 큰 눈이 내리고 식량이 끊겨 몽골 장군 합진은 고

❖ 몽골 기마병

몽골 기마병들은 모두 주머니를 달고 다녔는데 식량으로 말린 양고기와 응고한 양젖을 간편하게 달고 다녔다. 이로써 양곡을 실어 나르는 수송부대의 번거로움을 덜 수 있었다.

려의 서북면 원수 조충 장군에게 군대와 식량 원조를 부탁했다.

 조충은 독단으로 그 요구를 받아들여 군대 천 명과 쌀 천 섬을 보내 주었다. 그리고 그 다음해 5월 김취려 장군은 몽골·동진 연합군과 작전을 벌려 마침내 거란족을 무너뜨렸다.

 한편, 조충은 포로 대부분을 거두어 고려의 여러 주나 군에 인구가 드문 곳을 골라 살게 한 다음 논과 밭까지도 떼어 주고 생활하도록 하였다. 이것이 고려와 몽골이 처음 관계를 맺은 것이다.

 그러나 그 후 몽골이 동진국을 멸한 뒤로는 고려와 몽골이 국경을 접하게 되어 양국 사이에 충돌이 자주 일어났다.

 몽골은 거란을 토벌한 일로 고려에 큰 은혜나 베푼 듯이 고려와 협약을 체결하고, 해마다 선물을 요구하였다. 또 몽골 사신들의 태도는 오만불손하기 짝이 없었다.

▲ 항몽순의비(제주도)
몽골군에 맞서 싸우다 전사한 삼별초를 기리기 위한 비석

 그러던 중 고종 12년 정월에 몽골의 사신 저고여가 돌아가는 길에 여진족에게 살해당하는 일이 벌어졌다. 그런데 몽골은 이 사건을 고려 사람의 짓이라며 그 책임을 고려 조정에 추궁하였다. 조정에서는 압록강 너머 여진족의 소행이므로 우리와는 관계없는 일이라고 답변하였으나, 몽골은 끝내 고려인의 짓이라 하여 책임을 물었다. 결국 이 일로 두 나라는 6년 동안 국교가 끊어졌다.

 그 후 칭기즈칸의 셋째아들 태종이 보위에 올라 금나라를 치는 한편, 고려 고종 18년(1231년)엔 살리타로 하여금 고려를 침입케 하였다.

 이때 고려에서는 최충헌이 죽고 그의 아들 최우가 정권을 잡았다. 최우는 자기 밑에 따로 군대를 두고 모든 벼슬자리를 돈을 받고 마음대로 파는 등 권력을 휘둘렀다.

 몽골군은 압록강을 건너 승승장구하면서 밀고 내려와 개경을 포위하였다.

고려 189

고려군은 귀주, 서경의 두 싸움에서 가장 완강하고 장렬한 싸움으로 승리를 얻기도 하였지만, 몽골과 대적하기에는 고려군의 힘이 약해졌다. 그리하여 고종은 살리타가 보낸 사신을 직접 맞아들여 많은 예물을 주고, 왕의 동생 유안공을 살리타 본부가 있는 안주에 보내 강화 조약을 맺게 하였다.

그러나 몽골이 어떻게 나올지 알 수 없는 일이라 권세를 쥐고 있던 최우는 군신회의를 열고 강화도로 왕실을 옮길 것을 제의하였다.

모두 수도를 섬으로 옮긴다는 중대한 일에 감히 말을 하지 못하였다. 마침 별야초 지휘관 김세충이 회의자리에 들어와 수도를 옮긴다는 것은 말도 안 되는 소리라고 하면서 반대하다가 극형에 처해지고, 마침내 수도를 강화도로 옮기기로 하였다.

고종 19년(1232년) 6월에 수도를 강화도로 옮기고, 적의 직접적인 공격을 피하는 동시에 지구전을 하기로 하였다.

원래 몽골인들은 유목 민족으로 말을 타고 싸우는 육지전에는 매우 강하나, 바다에서 싸우는 해전에는 전혀 경험이 없었기 때문이다. 말하자면 최우는 몽골의 약점을 이용하여 장기전을 꾀한 것이다.

이로부터 약 30년 동안 몽골은 6차례나 대군을 이끌고 침입하였다. 그때마다 삼별초가 중심이 되어 지방군과 백성들이 몽골군을 곳곳에서 맞아 싸웠다. 그리고 한편으로는 식량을 성 안에 거두어 들이는 청야전술을 이용해 몽골군의 사기를 떨어뜨리기도 했다.

그러나 몽골군은 전 국토를 짓밟았다. 대구 부인사의 대장경과 경주 황룡사 9층탑도 이때 불타 버렸다.

그런데 강화도에는 한 걸음도 들여놓지 못하였다. 왕을 육지로 나오라고 재촉만 할 뿐이었다.

강화도에서는 최우의 아들 항과 손자 의가 실권을 이어받아 약

> ❖ 귀족 사회
> 고려 시대의 귀족은 정치적·경제적·사회적 특권을 대를 이어 누리던 지배 신분층이었다. 고려는 문벌 귀족 가문이 국가를 운영해 갔다.

26년 동안 버티었다.

고종 45년(1258년)에 최의가 유경, 김준에게 살해당하고 왕이 다시 실권을 쥐게 되었다. 그러자 몽골에 대한 방침도 평화 정책으로 바뀌었다.

그리하여 고종 46년, 태자를 몽골에 보내어 호의를 표하며 강화도를 버리고 개경으로 돌아올 것을 약속하기에 이르렀다. 그리고 또한 태자가 왕으로, 즉, 원종이 되어 서기 1270년에 개경으로 수도를 옮기고, 원종의 태자(후에 충렬왕)가 원(몽골의 국호)나라 세조 쿠빌라이의 딸과 결혼함으로써 서로 화친하게 되었다.

> ◈ **원(元)**
> 칭기즈칸의 손자 쿠빌라이 칸(세조)이 즉위하면서 수도를 베이징으로 옮기고, 국호를 몽골에서 원으로 바꾸었다 (1271년).

 삼별초의 항쟁

개경 환도를 둘러싸고 대신들 사이에서 여러 가지 의견이 있었다. 다시 개경으로 간다는 것은 결국 몽골에 굴복하는 것이라며 임연을 중심으로 한 무신 일파는 반대하였다. 반면, 원종을 중심으로 한 문신 일파는 개경 환도를 찬성하였다.

급기야 원종 10년에 임연은 왕의 좌우에 있던 환관들을 모두 쫓아내고, 왕을 폐하고 안경공을 왕으로 내세웠다. 그러나 몽골에서 사신을 보내 전왕을 다시 모시라고 하자, 임연은 몽골이 지나치게 정치에 간섭한다고 불평을 하면서도 어쩔 도리 없이 원종을 다시 보위에 앉혔다.

그런데 이에 대하여 삼별초를 중심으로 한 장졸 일파는 불복의 태도를 보였다.

삼별초는 최씨 정권 시대에 생긴 특수한 최씨 개인의 군대로, 좌별초, 우별초, 신의군으로 구성되어 있었다. 이 삼별초는 권세를

▲ 삼별초가 머물렀던 용장산성
(진도군 군내면 용장리)

고려 **191**

쥐고 있는 최씨의 보호병이면서 또한 외적을 막는 데도 상당한 활약을 하던 터라 몽골에 대한 반감이 매우 강했다.

그런데 원종이 사람을 강화도에 보내어 삼별초를 해산하고, 그 명부를 빼앗아 가자, 그들은 조정에서 명부를 몽골에 보내어 결국 그들을 모두 죽이려는 것이 아닌가 하여 더욱 반감을 품었다.

그리하여 삼별초의 지휘관인 배중손, 노영희는 왕족 온을 추대하여 진도까지 내려가 항쟁하였다.

▲ 팔만대장경

몽골의 침입을 물리치기 위해 만들기 시작하여 16년 만에 완성하였다. 대장경 사업에는 모든 계층 사람들의 마음을 하나로 모으는 데 효과적이었다.

이때 조정에서는 김방경과 몽골 원수 흔도 등을 보내 삼군을 거느리고 가서 그들을 치게 하였다. 그러자 반란군 가운데 장군 김통정이 남은 군졸을 이끌고 탐라(제주도)로 들어가 안팎으로 성을 쌓고 새 해상 왕국을 건설하면서 버티다가, 원종 14년 (1273년)에 드디어 패하고 말았다.

몽골은 40여 년 간 일곱 차례에 걸쳐 침입하였으나 고려는 끈질기게 항전을 계속하는 한편, 백성들을 단결시키고 부처님의 힘으로 몽골의 침입을 극복하기 위해 팔만대장경을 만들었다.

이는 민족 자주 정신의 본보기가 되었다.

4 공민왕의 개혁정치

원의 내정간섭

몽골 제국의 칸이 된 쿠빌라이는 수도를 대도(베이징, 북경)로 옮기고, 1271년에 국호를 중국식으로 고쳐 '원'이라 하였다.

고려는 몽골(원)과의 전쟁으로 큰 피해를 입었을 뿐만 아니라 원과의 강화 이후 일본 정벌을 위한 군대를 비롯하여 많은 인적·물적 자원을 징발당했다.

오랜 전란으로 국가 경제가 파탄 직전에 있었던 고려로서는 고통을 보다 심하게 겪게 되었다. 그러나 두 차례에 걸친 고려와 원나라 연합군의 일본 원정은 태풍으로 인하여 모두 실패하고 말았다.

원나라는 또 고려 영토의 일부를 빼앗아 직접 지배하였다. 즉, 쌍성총관부를 설치하여 철령 이북의 땅을 직속령으로 편입하였으며, 자비령 이북의 땅을 차지하여 서경(평안도 지방)에 동녕부를 두었다. 또, 삼별초의 항쟁을 진압한 후에는 제주도에 탐라 총관부를 설치하고 목마장을 경영하였다.

고려는 몽골(원)과의 전쟁으로 큰 피해를 입고 정치적인 간섭을 받는 등 여러 가지 시련을 겪어야 했다. 원은 고려에 다양한 물자를 요구하였는데, 그중 인삼·매·공녀는 고려에 큰 부담이었다.

그 후, 동녕부와 탐라 총관부는 충렬왕 때에 다시 되찾았으나, 쌍성 총관부는 공민왕 때에 무력으로 회복할 때까지 몽고의 지배하에 있었다.

아울러 원은 일본 원정을 목적으로 설치하였던 '정동행성'을 통해 고려의 내정에 간섭하였다. 또, 내정간섭 기관으로서 고려 군사 조직에 영향력을 행사하는 만호부 설치, 그리고 감찰관으로서 다루가치를 파견하였다.

고려의 국왕은 왕자 시절을 원에서 보내고, 부마국이 되어 원의 공주와 결혼하였으며, 교육을 받고 돌아와 왕이 되었다. 이로써 왕실의 호칭과 관직의 이름은 격을 낮추어야 했다.

고려 왕의 시호 '충(忠)'자를 쓴 것이 그 예이다. 또한, 원은 고려의 환관과 처녀들을 공녀로 차출하고, 금·은·인삼·매 등 많은 특산물을 거두어 감으로써 백성들은 많은 고통을 겪게 되었다. 또, 공녀로 끌려가지 않기 위해 일찍 결혼시키는 조혼의 풍속이 생겨나고, 몽고어·몽고식 의복과 머리가 유행하였다. 몽고식 이름을 가지는 사람들까지 나옴으로써 고려 사회의 본래 모습이 변질되기도 하였다. 이때 몽고에 끌려갔다 도망쳐 돌아온 '환향녀'가 생겨나게 되었다.

원 간섭기에는 원의 세력을 업은 사람들이 권세를 누렸다(권문세

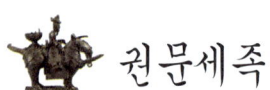
권문세족

기존의 문벌 귀족 가문이나 무신 집권기에 새로 등장한 가문, 또는 원과의 관계를 통해 등장한 친원파 가문 등이 권문세족으로 성장하였다. 그들은 권력을 이용하여 토지를 빼앗고 큰 농장을 경영하다가 상업을 통해 부를 쌓았다. 특히 가난한 백성을 노비로 만들어 자신의 농장에서 일하게 하였다.

족). 주로 몽골어를 통역하거나 원에 가서 출세한 사람들이었다. 또, 국왕이 어렸을 때 원에서 함께 생활하였던 측근들, 특히 기철 가문처럼 원의 황실과 혼인한 외척 가문 등이 높은 관직에 오를 수 있었다.

공민왕의 반원 개혁정치

14세기 중엽에 이르러 홍건적의 난 등으로 원나라가 점차 쇠퇴하였다. 이에 공민왕은 원·명 교체기를 이용하여 반원 자주 정책을 추진하였다.

가장 먼저 기철을 비롯한 친원 세력을 제거하였고, 고려의 내정에 간섭하던 정동행성 이문소를 없애고, 쌍성총관부를 공격하여 철령 이북의 땅을 되찾았다. 또, 공민왕은 원의 간섭으로 바뀌었던 관제를 복구하는 한편, 변발 등의 몽골식 풍습을 금지시켰다.

공민왕은 대외적으로는 반원 자주 정책을 쓰는 한편, 대내적으로는 개혁을 추진하여 권문세족을 억압하고자 하였다. 그리하여 권문세족과 인연이 먼 신돈을 등용하여 전민변정도감을 설치하였다.

전민변정도감은 권문세족이 불법적으로 차지한 토지와 노비 문제를 해결하기 위해 만든 임시 기구이다. 토지와 노비(전민)를 판정해(변정) 토지를 본래의 주인에게, 노비를 본래의 신분으로 되돌리기 위해 만들어진 것으로, 권문세족들이 빼앗은 토지와 노비를 본래의 소유주에게 넘겨주거나 양민으로 해방시켰다.

공민왕의 개혁은 백성들로부터는 환영받았으나, 권문세족의 반발과 홍건적과 왜구의 침략으로 인한 불안정한 정세 때문에 실패하였다.

> **기철**
> 기철의 누이동생이 원에 공녀로 갔다가 원 순제의 황후가 되어 태자를 낳았다. 이에 기철은 기 황후와 원의 세력을 믿고 고려 국왕도 무시할 수 없는 권력을 행사하였다. 원 간섭기의 대표적인 친원 권문세족으로 공민왕의 반원 자주 정책 때에 가서야 숙청되었다.

마침내 권문세족의 반격으로 신돈이 제거되고 끝내는 공민왕까지 시해됨으로써 개혁정치는 중단되었다. 그러나 공민왕 때 새로운 정치세력으로 성장한 신진사대부 세력은 그 후 개혁을 꾸준히 추진하였고, 이 과정에서 고려가 멸망하고 조선 왕조가 건국되었다.

신진사대부의 출신들은 무신 집권기 이래 과거를 통해 중앙의 관리로 진출한 지방의 향리 자제들을 중심으로 성리학을 수용하고 불교 폐단의 시정을 노력하였다.

 공민왕과 노국공주

공민왕은 원의 간섭에서 벗어나기 위해 반원정책을 추진하고, 왕권 강화와 내정 개혁을 위한 정책을 추진하였다.

1351년 공민왕이 31대로 고려왕으로 등극했다. 공민왕은 어릴 때 원나라에서 자랐기 때문에 몽골의 풍속은 물론 그들을 잘 알았다. 공민왕과 결혼한 원나라 노국공주는 고려에 많은 도움을 주었다. 공민왕은 볼모에서 풀려나 고려로 돌아온 순간 몽골식 변발을 거두고 고려 방식으로 고쳤다.

또한 고려 조정에는 원나라의 세력을 믿는 권신들이 많았는데 공민왕은 원나라 기황후의 친척과 그의 일파를 모두 죽였다. 또한 쌍성총관부를 고려 영토로 만들기도 했다.

공민왕이 늦도록 후사를 얻지 못하자 대신들의 권유로 이제현의 딸을 혜비로 맞았다. 공민왕 10년 홍건적이 개성으로 쳐들어오자 왕과 노국공주는 남쪽으로 피신했다.

이듬해 정세운과 이방실 장군이 송도를 재탈환했지만 권신들의 싸움은 여전했다. 더욱이 공민왕 12년 평장사 김용과 정세운이 왕이 흥왕사에 있음을 알고 습격했지만 최영과 오인택에게 진압되었다.

노국공주는 1365년(공민왕 14년) 2월, 아기를 낳다가 죽고 말았다. 불교 신자인 공민왕은 7일마다 큰 재를 올리게 해 노국공주의 명복을 빌었다. 공민왕은 3년 동안 고기를 먹지 않았으며 큰 일이 있을 때마다 정릉을 찾아갔다. 그러면서 공민왕은 왕륜사 동쪽에 공주의 영전을 짓도록 명했다. 하지만 이것은 나라의 재정을 파탄내는 원인이 되었다.

노국공주가 죽은 후, 공민왕의 마음은 매우 허전했다. 그는 허전함을 달래기 위해 자제위(미남 시중)를 두었는데 그들은 왕의 침전에서 왕과 함께 먹고 자고 했다. 공민왕은 자제위들을 데리고 노국공주가 묻혀 있는 정릉을 찾아갔다. 공민왕은 최만생에게 술과 음식을 가져오게 해 산소 이곳저곳에 부으며 혼자 중얼거렸다.

▲ 공민왕과 노국 대장 공주
(국립고궁박물관 소장)

"내가, 내가 왔소. 함께 나눠 먹읍시다."

그러는 사이 해가 서쪽으로 기울자 자제위들은 공민왕에게 대궐로 돌아가야 한다며 재촉했다.

술에 취한 공민왕이 침전에 드는 순간 최만생이 따라와 나직이 말했다.

"폐하! 긴히 아뢸 말씀이 있습니다. 익비께서 수태를 하셨다고 합니다."

"익비가! 지금 몇 달 되었다고 하더냐?"

"5개월쯤 되었다고 들었습니다."

공민왕은 손가락으로 날짜를 짚어보다가 최만생에게 다시 물었다.

"그렇다면 수태를 시킨 상대가 누구라고 하더냐?"

"홍륜이라고 합니다."

"이 사실을 그대 말고 알고 있는 사람이 또 있더냐?"

"폐하, 다행스럽게도 소인밖에는 모릅니다."

"내일 당장 홍륜이란 놈을 죽여야겠구나. 그리고 자네도 함께 죽어야 아무도 모르겠지?"

최만생은 공민왕의 말에 눈앞이 캄캄했다. 최만생은 공민왕을 침전에 모신 후 급히 홍륜에게 찾아가 자세하게 말했다. 이들은 꼼짝없이 죽은 목숨이었기 때문에 살아날 방법으로 공민왕을 암살하기로 했다.

두 사람은 몰래 침전으로 들어가 깊이 잠들어 있는 공민왕을 살해했다. 잠시 후 최만생은 침전에서 급히 뛰어나오면서 외쳤다.

"자객이다! 자객!"

이 소리에 자제위 대장 김흥경이 달려 나왔다.

"자객이라니? 어디로 갔단 말이냐?"

그러자 공민왕을 암살한 최만생과 홍륜은 거짓말을 했다.

"저쪽입니다."

얼마 후 수시중 이인임과 경부흥 등이 왕의 침전으로 먼저 들어갔고 이 소식을 들은 명덕태후가 달려와 참혹하게 죽어 있는 공민왕을 보면서 통곡했다. 그러자 이인임이 명덕태후를 달래며 이렇게 말했다.

"태후마마! 진정하십시오. 곧 대책을 마련하겠습니다."

"어서, 이 시중께서 잘 수습하시오."

이인임은 재빨리 움직였고 궁궐에서 숙직하던 벼슬아치들은 공포에 질려 몸을 떨었다. 어전회의를 열어 자객을 잡기 위한 대책을 세웠다.

그때 이인임이 말했다.

"왕을 시해한 자는 우리 주변에 있습니다."

"그렇다면 누가 이런 끔찍한 일을 저질렀단 말이오?"

"궁궐에 신조라는 자가 있습니다. 그는 여러 가지 꾀를 잘 낸다

<녹색>공민왕</녹색>은 신돈을 등용하여 <녹색>전민변정도감</녹색>(고려 후기 권세가에게 점탈된 토지·농민을 되찾기 위해 설치된 임시 관서)을 설치하였다. 이를 통해 권문세족이 차지한 토지와 노비(전민)를 판정해(변경) 토지를 본래의 주민에게, 노비를 본래의 신분으로 되돌리기 위해 만들어졌다.

고 합니다. 우선 그 자부터 잡아와 조사해 보겠습니다."

이인임은 신조를 체포해 옥에 가둔 후 왕의 측근에서 일하는 사람들을 모두 조사했다. 문득 최만생의 옷에 핏자국이 묻어 있는 것을 발견한 이인임은 그를 불러 세웠다.

"만생아, 잠깐 이리 오너라."

그러자 최만생은 얼굴이 하얗게 질렸고, 이인임이 그가 범인이라는 것을 눈치챘다. 옷에 묻은 핏자국 때문에 최만생은 자백할 수밖에 없었다. 마침내 공민왕을 시해한 범인들을 모두 체포했다.

이제부터의 문제는 누구를 임금으로 앉힐 것인가였다. 태후와 경부흥은 종친 중에서 뽑자고 했지만 이인임은 강녕대군을 적극 추대하면서 말했다.

"태후마마, 폐하께서 돌아가시기 전 소신에게 강녕대군만이 유일한 혈통이라고 말씀하셨습니다."

열 살의 강녕대군은 공민왕의 뒤를 이어 고려 32대 우왕으로 즉위했다. 공민왕을 시해한 최만생과 홍륜을 비롯해서 시해사건에 연루된 자제위들이 모두 처형당했다.

 문익점과 목화씨

1360년 32세의 문익점은 과거에 합격해 김해부 사록 벼슬로 부임했다. 1363년 35세 때 좌정언으로 승진해 서장관을 제수받고 원나라 사신으로 떠났다.

그가 원나라에 도착했을 때 고려에서 죄를 짓고 도망친 최유가 개성에 있는 김용과 작당해 공민왕을 몰아내고 어릴 적 원나라로 들어간 덕흥군을 왕으로 세우려는 역모를 꾀했다. 문익점 또한 이

문익점은 원으로부터 목면을 도입하였다. 목면의 재배는 고온다습하고 토질 등이 적합하였던 삼남 지방을 중심으로 급속히 확산되었다.

고려 199

를 지지했는데, 덕흥군이 패했다.

그리하여 원나라에서 남쪽 지방으로 귀양을 간 문익점은 책을 읽으면서 쓸쓸하게 보내고 있었다. 그때 그 지방의 향토 선비가 그를 찾아왔다. 두 사람은 학문에 관한 이야기를 주고받았다. 이야기 도중 그는 중국 선비의 옷을 뚫어지게 쳐다보았다.

"공의 옷이 너무 따뜻하게 보입니다. 그게 무명옷이라는 것입니까?"

"그렇습니다."

"무명옷의 재료는 무엇입니까? 이웃 사람들 모두가 선비처럼 무명옷을 입고 있는데."

"재료는 목화라는 식물에서 맺는 봉우리의 솜털로 실을 뽑은 것입니다."

"그래요? 전 아직까지 한 번도 목화라는 것을 본 적이 없답니다."

"걱정 마세요. 목화가 피면 자연적으로 볼 수가 있답니다."

문익점은 당시 고려 백성들이 헐벗고 지낸다는 것을 잘 알고 있었다. 고려의 옷감 재료는 삼베, 모시, 명주 등이었다. 특히 삼베나 모시는 옷을 만든 후 관리하기에 불편했다. 더구나 명주나 모시는 값이 비싸 귀족들 외엔 감히 입을 수가 없었다. 그래서 백성들은 삼베나 짐승털가죽으로 옷을 만들어 입었다.

그래서 문익점은 무명옷에 대해 관심이 높았다. 고대하던 가을이 되자 문익점은 중국 선비의 안내로 목화밭을 구경하러 갔다. 들판에 핀 하얀 목화송이가 마치 흰구름이 땅으로 내려와 덮인 것 같았다. 문익점은 그저 놀라움 그 자체였다.

"목화씨를 다른 나라로 유출하는 것을 법으로 엄중히 금하고 있습니다."

한마디로 목화송이를 만지지 말라는 의미 같았다.

▲ 문익점 숭모비
(경상남도 하동군 북촌면 직전리)

"설마, 가까이서 구경하는 것은 괜찮겠지요?"

"제가 있으니까 괜찮습니다."

당시 중국에서 목화를 재배한 시기가 수십 년밖에 안 되어 반출을 법으로 금하고 있었다. 문익점은 중국 선비와 목화밭을 둘러본 것만으로도 만족했다.

그날 밤 그는 생각에 잠겨 제대로 잠을 이룰 수가 없었다.

'목화씨를 고려로 가져가면 백성들이 따뜻하게 지낼 수 있을 텐데……'

다음 날 목화밭으로 다시 나가자 주인이 그를 다정하게 맞아주었다. 그것은 어제 함께 왔던 중국 선비 덕분이었다. 목화밭 주인과 친해지면서 며칠에 걸쳐 목화꽃송이 두어 개를 몰래 숨겨 집으로 돌아왔다.

문익점은 꽃송이에서 잘 익은 씨앗 아홉 개를 골라 소중하게 보관했다. 그런 후 고려로 안전하게 가져갈 방도를 생각했다.

이 무렵 최유의 반란군이 고려로 쳐들어갔다가 패하면서 순제는 그 해 10월 문익점을 귀양에서 풀어 주었다. 고려로 돌아가기 전날 국경을 무사히 통과하기 위해 보관했던 목화씨 아홉 개를 붓두껑 속에 숨겼다.

그 다음 날 문익점은 국경에 도착했는데, 중국 선비의 말처럼 조사가 엄했다. 문익점은 중국 관리 앞에 봇짐을 풀어 놓자 뒤지기 시작했다. 그때 중국 관리가 붓을 집어 들고 말을 걸었다.

"붓을 많이 사셨네요?"

"그렇소. 중국의 붓이 고려 것보다 훨씬 부드럽고 좋지요."

그러자 중국 관리는 문익점을 물끄러미 쳐다보다가 통과시켰다.

그는 빠른 걸음으로 국경을 넘은 다음 두 팔을 벌려 소리쳤다.

"이젠 고려 백성들도 따뜻한 옷을 입겠구나!"

마침내 문익점은 붓뚜껑 속에서 목화씨 아홉 개를 끄집어 낸 다

목면은 보온성이 좋을 뿐만 아니라 연작도 가능한 작물이었다.
특히, 다른 작물이 수작업으로 만들어지는 것에 비해 목면을 이용해 직물을 만드는 경우 씨아·물레 등의 기기가 사용되어 노동시간이 단축되었다.

음 다섯 개는 장인 정천익에게 심도록 하고 나머지 네 개를 자기 집 양지바른 밭에 심었다. 그렇지만 봄이 되어도 목화씨는 싹을 틔우지 않았다. 더구나 기름진 땅에 비까지 흠뻑 내렸는데, 도저히 이해가 되지 않았다. 궁금해서 땅을 파 보았는데 목화씨가 모두 썩어 있었다.

문익점은 안타까움에 실망하다가 문득 장인이 떠올랐다. 곧바로 장인 정천익을 찾아갔다. 정천익은 문익점을 데리고 밭으로 갔는데, 과연 목화씨 하나가 싹이 터 자라고 있었다. 결국 아홉 개 씨앗 중 한 개가 성공한 것이다. 가을이 되자 목화송이가 여러 개 달렸고 그것에서 씨앗 백여 개를 얻었다. 그 씨앗을 잘 말려 두었다가 이듬해 봄에 또다시 심었다. 문익점은 원나라에 있을 때 눈여겨보아 둔 재배 방식대로 가꾸면서 재배 일지까지 만들어 목화가 자라는 과정을 상세히 기록했다.

그해 가을이 되자 문익점의 밭에는 목화송이가 하얗게 피었다. 삼 년째 되던 해 문익점은 목화씨를 마을사람들에게 나누어 주면서 재배 방법까지 자세하게 알려 주었다. 이렇게 하여 목화 재배가 전국으로 퍼져 나갔다.

▲ 물레
솜에서 실을 자아내는 틀. 사대부 계층은 목면 보급을 주도하며 경제적 기반을 강화하였다.

그러나 목화에서 실을 자아내어 그것으로 옷감을 짜는 방법을 몰랐다. 그가 안타까워하고 있을 때 정천익의 집에 머물던 중국 북방인 스님에게서 씨를 빼는 씨아와 실을 뽑는 물레를 만드는 방법을 배워 이를 보급시켰다. 현재 산청군 단성면 사월리에 '문익점면화시배지'가 전해 내려온다.

목화는 백성들의 의복 생활에 큰 도움을 주는 등 혁명적인 변화를 가져왔다. 목화와 무명옷은 훗날 우리나라를 통해 일본에도 전해졌다.

위화도 회군, 고려의 멸망

1359년 고려는 새로운 골칫거리가 생겼다. 북쪽 국경지대에서 머리에 붉은 수건을 두른 도적들이 압록강을 향하여 구름처럼 국경선을 넘어 오고 있다는 것이다. 머리에 붉은 수건을 둘렀다고 해서 '홍건적'이라 불리는 도적떼 4만여 명이 고려를 침략한 것이다.

그러나 고려는 단번에 홍건적을 물리쳤다. 그러자 그들은 이듬해 다시 배를 타고 서해안으로 침입해 왔다. 그리고 그 뒤 계속해서 고려를 괴롭혔다.

고려를 침략하는 것은 홍건적뿐만 아니었다. 왜구도 바닷가에 나타나 노략질을 일삼으면서 고려 백성들을 괴롭혔다. 왜구는 그들 나라 안에서 일어난 전쟁으로 살기가 힘들어지자 해적질을 나선 사람들이었다.

공민왕 대에 115번, 우왕 대에 378번에 이를 정도로 고려의 해안에 자주 침범했다. 그러나 고려는 북쪽에서 원나라, 홍건적 등을 무찌르느라 여념이 없어서 남쪽에 침입하는 왜구에까지 신경 쓸 여유가 없었다.

그런데 개경 근처 서해안 지방까지 왜구가 또 나타났다. 조정에서는 곧바로 군대를 보냈지만 왜구는 이미 간 데 없고 마을은 잿더미가 되었다. 공민왕은 곧 신하들을 불러 왜구를 뿌리 뽑을 방법을 세우라고 지시했다.

최영이 나서서 왜구만을 맡아서 무찌르는 군대를 둘 것을 건의하자 공민왕은 왜구만 상대로 싸우는 군대를 갖추고 최영을 장군으로 삼았다.

최영은 왜구를 쳐부수는 데 힘써 최영 장군이 나타나기만 하면

❖ **위화도 회군**

요동 정벌에 반대했던 이성계는 압록강의 위화도에서 군대를 돌려 개경으로 돌아왔다(1388년). 이어 정도전 등의 급진적 개혁을 주장하는 신진 사대부 세력과 함께 본격적인 개혁을 추진하였다.

> **최무선(?~1395)**
>
> 고려 말기와 조선 초기의 무기 발명가·장군. 왜구가 기승을 부리자 화약 제조법의 필요성을 절감하여 중국 원나라에서 제조법을 배워 화약을 만들었다. 조정에 여러 번 건의하여 1377(우왕 3)년 화통도감(火筒都監)이 설치되었다. 1380년 왜구가 대거 침입했을 때 진포에서 화포, 화통 등을 처음으로 사용하여 왜선 500여 척을 격파했다.

왜구들은 모두 도망쳤다.

왜구를 무찌르는 데 공을 세운 또 한 사람은 최무선이었다. 바다로 침입해 오는 적은 화약과 화기를 이용하는 것이 가장 효과적이라고 생각한 최무선은 무관이 아니지만 화약과 화기를 연구하는 데 몰두하였다.

그 무렵 명나라에서 보내 온 화약과 화기가 있었지만 화약을 만드는 방법을 몰랐다. 최무선은 노비들과 함께 밤낮으로 연구하여 화약을 만드는 방법을 알아냈다. 그리고 화약을 사용하는 여러 가지 기구도 만들어냈다. 그는 곧바로 왜구를 무찌르는 데 화약과 화기를 사용하자고 조정에 건의했다.

이제 고려 해군은 전함에 화포, 화통 등 최무선이 발명한 화약 무기를 갖추었다. 그리하여 고려 함대는 왜구를 크게 무찔렀다. 그리고 육지에서는 이성계가 화약의 도움으로 황산 싸움에서 승리하였다. 이성계도 그 무렵 홍건적과 왜구의 싸움에서 명성을 얻은 이름난 장군이었다.

한편 세족의 횡포가 날로 심해지고 있을 즈음, 지방에서는 새로운 세력이 나타났다. 이들은 지방에 땅을 조금 가지고 있으면서 중국의 유학인 성리학을 공부한 사람들로 훗날 조선을 세우는데 앞장 서는 세력이 되었다. 이들을 '신진 사대부'라 한다.

그때 권문세족들은 법을 무시하고 제멋대로 농장을 넓혀갔다. 신진 사대부들로서는 언제 자기들 땅도 권문세족에게 빼앗길지 몰라 전전긍긍했다.

충선왕은 원나라에 빌붙은 권문세족을 쫓아내기 위하여 신진 사대부를 관료로 뽑았다. 그러나 아직 원나라와 권문세족의 힘이 강하고 신진 사대부들의 힘이 약했기 때문에 오히려 왕과 신진 사대부들이 쫓겨나고 말았다.

그러나 그 후 공민왕과 신돈이 개혁 정책을 펴면서 권문세족의 힘은 점점 약해졌고 신진 사대부들은 권문세족 아래에서 실제 행정을 맡아 보면서 힘을 키우고 있었다.

신진 사대부들은 우왕 때 두 파로 나뉘어, 한쪽에서는 고려 왕조를 지키면서 천천히 나라를 바꾸어 가자는 온건한 개혁을 주장하였다. 이들은 무너져 가는 고려 사회를 바꾸어야 한다는 생각은 같았지만 방법이 서로 달랐다.

온건 개혁파에 속하는 이색, 정몽주 등은 대개 관직이 높고 경제적으로 잘 사는 귀족들이었지만 정도전, 조준, 남은 등 혁명 개혁파들은 집안이 별로 좋지 않고 부유한 편이 아니었다.

이성계는 대대로 함경도에 살면서 홍건적을 쳐부수는데 큰 공을 세웠다. 그래서 백성들 사이에서는 이성계의 명성이 자자했다.

혁명파 사대부들은 고려 왕조를 무너뜨리고 새 왕조를 세우기 위하여 군사를 이끄는 무인 세력과 손을 잡기로 할 즈음 홍건적을 무찔러 백성들로부터 폭넓은 지지를 받고 있던 이성계와 뜻을 모았다.

이때 중국에는 원나라에 이어 명나라가 들어섰는데 명나라는 원나라가 관리했던 고려 북쪽의 땅을 내놓으라고 생트집을 잡았다.

최영은 명나라의 요동을 공격하여 강력히 맞서자고 주장했고, 이성계와 정도전은 이에 반대하였다. 그러나 최영의 주장이 받아들여져서 요동 정벌이 결정되었다.

이성계는 3만8천 명의 군사를 이끌고 명나라를 정벌하러 떠났다. 그러나 1388년 이성계는 압록강을 건너다 중간 지역인 위화도에서 회군하여 개경으로 돌아왔다.

그 이유는 다음과 같다.
첫째, 작은 나라가 큰 나라를 치는 것은 옳지 않다.
둘째, 여름철에 군사를 동원하는 것 또한 옳지 않다.

▲ 정도전(1342~1398, 경기 평택 문헌사당 소장)

고려말 개혁을 주도하였으며, 이후 조선 건국을 주도하였다.

고려 205

셋째, 모든 군대가 요동을 치러 가면 왜구의 침입이 걱정된다.
넷째, 여름 장마철이라 활이 휘고, 전염병이 염려된다.

위화도 회군은 고려가 망하는 결정적인 사건이 되었다. 개경으로 돌아온 이성계와 정도전 등 신진 사대부들은 가장 큰 대립 세력이었던 최영을 처단하고 권력을 손에 쥐었다.

▲ 정몽주

위화도 회군으로 권력을 잡은 이성계의 세력은 점점 강해졌다. 이성계의 세력은 고려 왕조를 없애고 새로운 왕조를 세우려고 계획하였다. 그러나 여기에 가장 큰 걸림돌이 되는 사람이 정몽주였다. 정몽주는 충성스러운 재상이었으며 많은 백성들이 정몽주를 따르고 존경하였다.

이성계의 세력은 정몽주를 설득하여 자기 편으로 만들든가 아니면 없애는 수밖에 없다고 생각했다. 이 일을 이성계의 아들인 이방원이 맡았다. 이방원은 아버지의 두터운 신임을 받고 있었다.

어느 날 이방원은 정몽주를 집으로 초대하였다. 이방원은 정몽주를 반가이 맞이하였다. 그리고 두 사람은 술상을 마주하고 앉았다.

먼저 이방원이 입을 열었다.
"외람되지만 제가 시를 한 수 읊어도 되겠습니까?"
"물론이지요."
정몽주가 흔쾌히 대답하였다.

'이런들 어떠하며, 저런들 어떠하리
만수산 드렁칡이 얽혀진들 어떠하리
우리도 이같이 얽혀 백 년까지 누리리라.'

이방원은 고려 왕조를 섬기나 새로운 왕조를 섬기나 마찬가지이니, 새 왕조를 여는 일에 서로 뜻을 같이하자는 뜻을 담은 시였다.

이방원의 시를 들은 정몽주의 얼굴빛이 굳어졌다. 이방원의 뜻을 알았기 때문이다. 그러나 정몽주는 결코 고려 왕조에 대한 충성심을 저버릴 수 없었다. 정몽주는 이미 새로운 왕조를 따르지 않기로 굳게 마음먹고 있었다.

정몽주가 무겁게 입을 열었다.

"그럼 제가 답 시를 지어 올리지요."

'이 몸이 죽고 죽어 일백 번 고쳐 죽어
백골이 진토되어 넋이라도 있고 없고
임 향한 일편단심이야 가실 줄이 있으랴.'

이방원은 한편으로 정몽주에 대한 존경심이 일어 저절로 고개가 숙여졌다. 하지만 이제 새로운 왕조를 세우는 데 걸림돌이 된 정몽주를 그냥 둘 수 없다고 생각하고 죽이기로 결정했다.

며칠 후 정몽주가 선죽교를 지나고 있을 때 이방원의 문객 조영규 등이 쇠몽둥이로 내리쳐 정몽주를 죽였다. 이를 계기로 이성계는 반대파를 모두 죽이고, 새 왕조를 여는데 방해가 되는 사람은 모두 귀양 보냈다.

1392년 무능하고 덕이 없다는 구실을 붙여 공양왕(신종 7세손)을 몰아내고 이성계가 드디어 왕위에 올랐다. 이렇게 해서 고려 왕조는 막을 내리고 이성계를 중심으로 새 왕조 조선이 열리게 되었다.

정도전과 정몽주

정도전과 정몽주는 이색에게서 성리학을 배웠으며, 중국에 명나라가 들어서자 명과 외교 관계를 맺어야 한다고 주장하는 한편, 불교에 대하여 비판적이었다. 이후 고려 개혁의 방법을 둘러싸고 갈라서게 되었는데, 위화도 회군으로 이성계가 실권을 잡자, 정도전은 고려를 대신할 새로운 왕조를 건설하려 하였다. 그에 반하여 정몽주는 새로운 왕조를 세우는 것에 반대하였다.
결국, 정몽주는 이성계의 아들인 이방원(조선 태종)에게 개성 선죽교에서 죽임을 당하고, 정도전은 이후 조선 건국을 주도하는 한편 조선의 기틀을 마련하였으나 후일 왕위 계승 문제로 이방원에게 제거되었다.

▲ 선죽교

5 고려의 예술과 문화

고려 시대에는 호족을 비롯한 지방세력들이 중앙의 귀족으로 진출하면서 문화의 주인공으로 등장하였다. 이들은 유교를 새로운 정치사상으로 받아들여 유교적 정치 이념을 확립하였다.

따라서 고려 시대에는 유학과 한문학이 발달하였고, 개인 문집과 실록·사서 등의 편찬이 활발하였다.

불교 또한 국가의 보호를 받으면서 크게 융성하여 고려 중기 의천에 의해 천태종이, 후기에는 지눌에 의하여 조계종이 크게 발전하였다. 또한, 대장경의 조판과 사원 건축 등 불교 문화가 발달하였다.

고려 사상의 특징은, 정치와 관련된 치국의 도인 유교와 신앙 생활과 관련된 수신의 도인 불교 문화가 함께 발달하였다.

고려의 예술은 귀족 생활 및 불교 미술과 연관된 공예 분야가 발달된 한편, 금속활자, 인쇄술, 천문, 역법, 무기 제작술 등도 함께 발달하였다.

▶ 수월관음도
(경기 용인 아모레퍼시픽미술관 소장)
도를 구하는 동자가 관세음보살을 만나는 장면을 그린 것이다.

유학과 역사서 편찬

유학의 초기 발달은 신라 6두품 유학자들의 활약이 있었고, 광종 때에는 과거 제도를 실시하여 유학에 능한 관료를 등용하였다.

특히 성종 때는 최승로·김심언 등이 유교사상을 치국의 근본으로 확립하였다. 이들의 유교 사상은 관념적이거나 사대적인 성격에 빠지지 않고 자주적이며 주체적인 특징을 지닌다.

그러나 중기에 이르러는 문벌 귀족 사회의 발달로 자주적인 유교 정신보다 집권 세력의 권력 유지만을 도모하는 보수적 성격을 띠어 갔다.

그런 가운데 최충은 '해동공자'라는 칭송을 들었으며, 구재학당이라는 사학을 세워 유학교육에 힘썼다.

그리고 역사서는 건국 초기부터 목종에 이르는 7대 왕조실록이 편찬되었다. 중기에는(12세기) 김부식 등이 인종의 명을 받아 『삼국사기』를 편찬하였다. 『삼국사

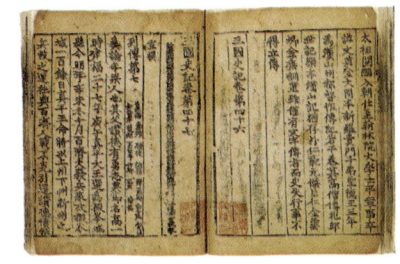
▲ 삼국사기

 대장경은 왜 만들었을까?

고려는 불교의 나라였기에 불교의 경전을 정리한 대장경을 여러 차례 편찬하였다. 첫째, 현종 때 부처의 힘으로 거란의 침략을 물리치기 위해 '초조대장경'을 만들었으나 몽골 침입으로 소실되었다. 이후 몽골의 침략 때, 또다시 부처님의 힘으로 몽골군을 물리치기 위해 12년이 걸려 '팔만대장경'을 만들었다.

경판은 합천 해인사에 보관되어 있으며, 이를 보존하기 위한 '장경판전'은 1995년 유네스코 세계문화유산으로 등록되었다.

▲ 삼국유사

❋ 훈고학
한대에서 당대에까지 성행하던 유학으로 경전을 해석하는 학문이다.

기』는 유교적인 역사관에 따라 삼국시대부터 후삼국 시대까지의 역사를 서술하였다. 그 후, 삼국시대 승려 30여 명의 전기인 각훈의『해동고승전』, 고구려의 주몽을 영웅으로 찬양하는 시와 이야기를 담은 이규보의『동명왕편』, 그리고 불교사 중심으로 단군 이야기를 수록한 일연의『삼국유사』와 단군 중심의 자주적 역사서인 이승휴의『제왕운기』등이 돋보인다.

그리고 교육기관으로서는 충렬왕 때 안향의 건의로 관학의 장학재단인 양현고를 보충하기 위한 교육 재단으로 섬학전을 설치하고, 국학, 국자감을 성균관으로 개칭하였으며 대성전을 건립하였다(1308년).

 불교예술과 고려청자

고려 시대에는 귀족 사회가 발전하고 불교가 융성하였다.

불상은 거대한 석불이 만들어졌는데, 논산 관촉사 석조 미륵보살 입상이 돋보인다. 그리고 고려 후기에는 많은 불화가 금가루를 사용하여 제작되었는데 수월관음도가 유명하다(도를 구하는 동자가 관음보살을 만나는 장면을 그린 것이다).

불교 건축의 탑은 신라의 양식을 계승하면서도, 평창 월정사 8각 9층 석탑처럼 6각이나 8각의 다층석탑이 많이 만들어졌으며, 고려 후기에는 원의 영향을 받아 조각이 화려하고 섬세한 개성 경천사지 10층 석탑 등이 만들어졌다.

13세기 이후의 불교 건축물이 남아 있는데 안동 봉정사 극락전은 가장 오래된 목조 건축물이며, 영주 부석사 무량수전은 배흘림기

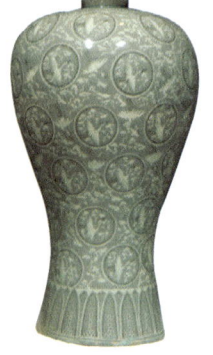

▲ 운학무늬 매병

둥과 균형잡힌 모습으로 유명하다.

한편, 고려 귀족의 호화로운 생활을 잘 보여주는 것이 자기이다. 고려의 자기는 신라의 기술을 바탕으로 송나라의 기술을 받아들여 빛깔이 푸른 비색의 청자가 유명하다.

고려청자는 12세기에 이르러 고려만의 독창적인 상감청자로 발전하였다. 상감청자는 청자의 겉부분을 파내고, 파낸 자리에 흰 흙이나 붉은 흙을 채워 무늬를 낸 후, 유약을 발라 구워낸 것으로 고려만의 독특한 자기이다.

그러나 14세기 이후 청자를 굽던 숙련된 기술자들이 몽골의 전쟁과 왜구의 약탈로 문을 닫게 되었다.

▲ 고려청자

 금속활자와 인쇄문화

신라 때부터 발달한 목판 인쇄술은 고려 시대에 들어 과거 시험을 위한 책의 수요와 불교 경전을 정리한 대장경의 조판으로 세계 최고 수준에 이르렀다.

발달된 목판 인쇄술을 바탕으로 고려는 세계 최초로 '금속활자'를 만들었다. 이 금속활자를 이용하여 인쇄한 책은 몽골과의 전쟁 중에 간행된 '상정고금예문' 이다(1234년). 서양보다 200여 년 앞섰으나 현재는 전해지지 않는다. 그렇지만 청주 흥덕사에서 인쇄한 '직지심체요절'(1377년)은 오늘날 세계에서 가장 오래된 금속활자본으로 인정받고 있다.

 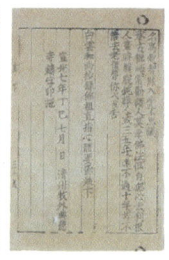
▲ 직지심체요절

고려

▲ 청자 상감 국화무늬 잔
(국립중앙박물관 소장)

▲ 청자 쌍사자모양 베개
(삼성미술관 리움 소장)

삼국사기와 삼국유사

김부식이 지은 『삼국사기』는, 후한 때 사마천이 지은 『사기』의 체제를 따라 기전체로 서술되었으며, 유교에서 강조하는 충·효 등의 도덕을 바탕으로 역사를 서술하였다. 고구려·백제·신라 삼국의 정치적인 흥망과 변천을 중심으로 편찬하였다.

일연이 지은 『삼국유사』는, '유사'라는 말처럼 '남겨진 일'을 기록한 역사서로서 불교 신앙을 중심으로 전설이나 야사, 신화적인 내용을 주로 다루었다. 또, 삼국사기가 삼국시대의 역사를 다루었다면, 삼국유사는 삼국 이전 단군을 우리 민족의 시조로 보는 자주 의식을 나타내기 위해 고조선부터 역사를 서술했다.

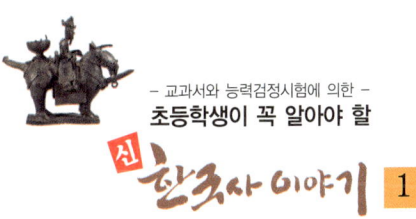

- 교과서와 능력검정시험에 의한 -
초등학생이 꼭 알아야 할
신 한국사 이야기 1

2018년 11월 15일 인쇄·발행

편 저	민족문화연구회
책임편집	장개충
발 행 인	임화순
발 행 처	도서출판 신인류
등록일자	1998년 9월 18일
등록번호	제 22-1424호
주 소	서울시 노원구 한글비석로47길 31
전 화	02-938-5828
팩 스	02-932-3537
I S B N	978-89-88576-71-7 (74900)
	978-89-88576-70-0 (세트)